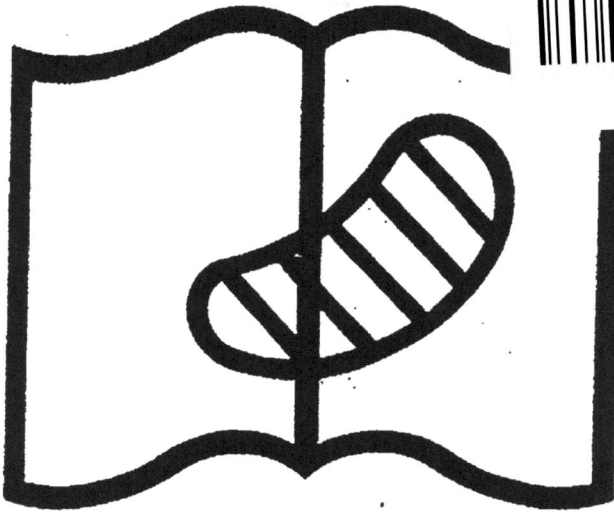

Original illisible

NF Z 43-120-10

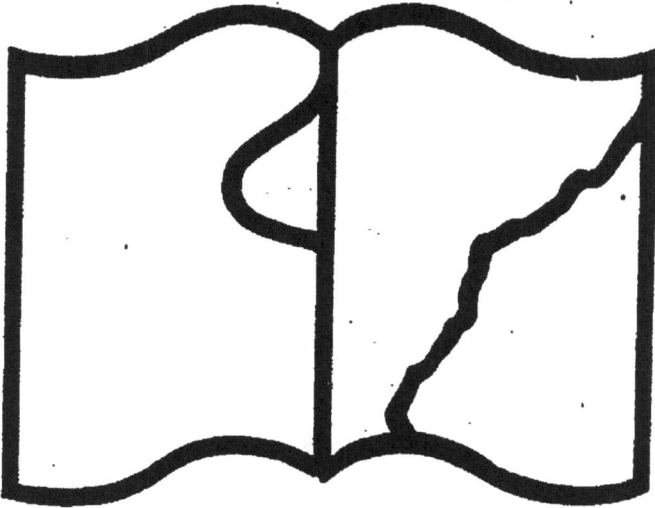

Texte détérioré — reliure défectueuse

NF Z 43-120-11

Le Provincial à Paris

TOME PREMIER.

Mœurs françaises.

Le Provincial

A Paris,

Esquisses des Mœurs Parisiennes.

IMPRIMERIE ANTH^e. BOUCHER,
rue des Bons-Enfans, n°. 34.

Le Provincial

A Paris,

Esquisses des Mœurs Parisiennes.

Par L. Montigny.

TOME PREMIER.

> Je regarde, je tâche de bien voir,
> et je rends compte des impressions
> que je reçois.
>
> *Tome I, chapitre* ...

SECONDE ÉDITION.

PARIS,

CHEZ LADVOCAT, LIBRAIRE

DE S. A. R. MONSEIGNEUR LE DUC DE CHARTRES.

1825.

A Monsieur de Jouy,

MONSIEUR,

Lorsque je fus contraint, par de fâcheuses circonstances, de renoncer au métier des armes et de quitter l'épée pour prendre la plume, vous eûtes l'extrême bonté de vous intéresser à moi, à la recommandation de deux de mes amis, MM. Moreau et De Béranger. Guidé par vos conseils et

votre exemple, il me devint pos-
sible, quoique bien novice dans
une carrière toute nouvelle pour
moi, de coopérer à la rédaction du
journal de littérature LE MIROIR;
et j'eus l'honneur de compter,
pendant plus de trois années, au
nombre de vos collaborateurs.

C'est à l'Addisson français que
je dois l'hommage de mes pre-
miers essais sur les mœurs, et
j'ose le prier d'en agréer la dé-
dicace. Ils sont bien faibles, sans
doute : en lisant le nom de JOUY
en tête de cet ouvrage, le Public
sera prévenu favorablement. Ce

sera une obligation nouvelle que je vous aurai, Monsieur; un nouveau service que ma reconnaissance joindra aux services que vous m'avez précédemment rendus.

Recevez, je vous prie, Monsieur, l'assurance des sentimens respectueux

DE VOTRE AFFECTIONNÉ
ET TOUT DÉVOUÉ SERVITEUR,

L. Montigny.

TABLE

DES CHAPITRES.

	Pages.
CHAPITRE I. *Préambule obligé.*	1
CHAP. II. *Les Hôtels garnis..*	12
CHAP. III. *Bals et Soirées.....*	25
CHAP. IV. *Foyer d'un Théâtre.*	34
CHAP. V. *L'Opéra Italien. —*	
Le Gymnase.........	42
CHAP. VI. *Le Quai aux Fleurs.*	51
CHAP. VII. *Un Dimanche du*	
Printemps...........	59
CHAP. VIII. *Les Tables d'hôte.*	67

Pages.

CHAP. IX. *Bals champêtres*... 76

CHAP. X. *Les Promenades publiques*............. 85

CHAP. XI. *Les Guinguettes*.... 96

CHAP. XII. *Cafés-Restaurans*.. 105

CHAP. XIII. *Les Coulisses d'un Théâtre*............. 113

CHAP. XIV. *Les Marchands de Contre-marques*....... 121

CHAP. XV. *Le Quartier du Palais-Royal*........... 129

CHAP. XVI. *Le Café Turc*..... 138

CHAP. XVII. *Les Parties de Campagne*........... 144

CHAP. XVIII. *Les Pitiers de Café*................. 153

CHAP. XIX. *Le Passage des Panoramas*.......... 158

Pages.

CHAP. XX. *Les Importans* 173

CHAP. XXI. *Les Noces*........ 179

CHAP. XXII. *L'Avant - Scène
des petits Théâtres*..... 189

CHAP. XXIII. *Les Oisifs*...... 196

CHAP. XXIV. *La Classe ouvrière.* 203

CHAP. XXV. *Les Cafés du Boulevard.* 210

CHAP. XXVI. *Les Marchandes
de Modes*............ 217

CHAP. XXVII. *Les Restaurateurs.* 226

CHAP. XXVIII. *Le Boulevard de
Gand.* 236

CHAP. XXIX. *Le Costume.*..... 246

CHAP. XXX. *La Politesse parisienne.*.............. 255

FIN DE LA TABLE.

LE

PROVINCIAL

A PARIS.

~~~~~~

CHAPITRE PREMIER.

PRÉAMBULE OBLIGÉ.

Le savant abbé Barthélemy fait dire
à son *Anacharsis*, dans la brillante
introduction du magnifique ouvrage

1

qui porte ce titre : « Je ne suis qu'un
» Scythe, et l'harmonie des vers d'Ho-
» mère, cette harmonie qui transporte
» les Grecs, échappe souvent à mes
» organes trop grossiers ; mais quand
» je le vois s'élever et planer, pour
» ainsi dire, au-dessus du monde en-
» tier, etc., etc. »

Et moi, chétif, je dis :

Je ne suis qu'un provincial, et la
délicatesse exquise du ton, des manières, du langage d'un Parisien,
échappé souvent à mes organes trop
grossiers ; mais quand je vois ce proto-
type de la futilité cherchant à s'élever
fort au - dessus des autres hommes,
faire de vains efforts pour se tenir à la
hauteur des bons habitans de la pro-

vince (qu'il décrie sans les connaître),
ne m'est-il pas permis de le rappeler
à l'ordre, et d'essayer de lui faire
comprendre qu'un enfant de Paris
n'est pas plus qu'un autre exempt de
ridicules, de travers, et même de vices?

De temps immémorial on s'est mo-
qué, à Paris, des êtres disgraciés que
le ciel n'a pas fait naître sur les bords
heureux de la Seine. En revanche, on
se permet parfois, en province, de
rire des prétentions très amusantes de
certains badauds. Mais, il en faut convenir, la partie est loin d'être égale :
en général, on sait plaisanter dans la
capitale du goût, des arts et de la politesse; on ne s'en doute pas dans quelques départemens. Trop souvent les

provinciaux ont confondu l'insulte avec la satire modérée, et les reparties amères, le ton de l'injure avec l'épigramme permise.

Je ne connais pas de livre où un provincial ait osé passer une revue décente et motivée de certains usages de la capitale; j'ai entrepris d'écrire ce livre; mais le plan que je me suis tracé a des limites peu étendues : je ne m'érige point en frondeur outré des ridicules, en juge passionné des défauts, en censeur injuste de tout ce qui est : je regarde, je tâche de bien voir, et je rends compte des impressions que je reçois.

Il ne m'était pas non plus possible de parler de tout; mon attention s'est

portée, à dessein, sur les objets d'intérêt secondaire qui ont échappé,
pour ainsi dire, aux investigations des
grands peintres de mœurs. Il reste à
peine à glaner dans ce champ, mille
et mille fois retourné par des mains
habiles; je me suis appliqué à ne point
faire, même à ma manière, l'esquisse
des originaux qui ont posé devant
l'ERMITE * et ses nombreux imitateurs;
j'en ai cherché d'autres, et j'ai fait
poser devant moi, à mesure qu'ils ont
frappé mes yeux, ceux qui avaient pu
leur échapper.

Je me crois obligé de donner, en

* L'*Ermite de la Chaussée-d'Antin*, à mon
avis, le plus agréable *et le premier* de tous les
ouvrages de ce genre, sans exception.

deux mots, au lecteur une idée de ma
personne, qu'il faut bien qu'il connaisse, et de lui soumettre les raisons
qui m'ont décidé, moi, provincial
obscur, tout-à-fait ignoré, à m'ériger
en critique.

J'ai cinquante-cinq ans ; je ne suis
pas beau ; ma taille est ordinaire, et
mon costume habituel n'a rien d'élégant. Je suis né à Saint - Pourçain,
département de l'Allier ; c'est une très
petite ville, fort peu connue, et qui
avoisine Clermont. Mes parens y vivent
tranquillement d'un revenu modeste
qui suffit, comme on dit, à leur
existence. Comme tant d'autres, force
leur est bien de se contenter du peu
qu'ils ont.

L'éducation que j'ai reçue est on ne peut plus négligée : avec beaucoup de peine, j'entends et je suis en état d'expliquer quelques passages des auteurs latins les moins difficiles à traduire ; aussi quand une beauté caressante consent à m'embrasser, ce ne peut être, et je ne rougis pas d'en convenir, *pour l'amour du grec :* je n'en sais pas un mot.

A force de broyer du noir, et surtout de lire et d'étudier, je me suis montré à moi-même les premiers principes de notre langue ; on prétend, à Saint-Pourçain, que je ne fais point, en parlant, de fautes capitales. On va même jusqu'à dire que j'écris aussi purement que monsieur le 1er. Adjoint.

Je baragouine deux ou trois langues
étrangères, que j'ai apprises en me
jouant, et, pour me servir de l'expression heureuse des Italiens, *da pa-
pa gallo* (comme un perroquet). J'ai
voyagé, j'ai vu, j'ai observé, j'ai
même un peu retenu.

Je fais peu de cas des hommes en
général, et beaucoup de mes amis en
particulier. Je me prosterne devant
les grands talens, mais seulement devant les talens véritables... J'ai si souvent été désenchanté ! Combien de
fois des géans, qu'on m'avait vantés
à l'avance, m'ont paru nains et ra-
bougris quand je les ai vus de près !
Ma surprise est toujours nouvelle alors
que, croyant avoir rencontré un co-

losse, je ne trouve qu'un homme, pour ainsi dire, à hauteur d'appui.

J'abhorre les sots puissans, je fuis les sots en place, j'évite les sots ennuyeux, et je cherche à me venger de tous.

En ma qualité *d'observateur*, j'ai voulu, jadis, prendre note de quelques ridicules de province ; on l'a su, et j'ai ameuté contre moi des gens que je n'avais jamais ni vus ni connus. Dans une petite ville il faut, quand on esquisse une caricature, se hâter d'y mettre un nom. Personne ne s'y reconnaît, mais on y reconnaît son voisin, et charitablement on l'en avertit ; de-là des clameurs sans nombre.

Les plaies que l'on fait à l'amour-propre sont incurables. Je l'ai su trop

tard. Pour apaiser l'éternelle majorité
(les sots), j'ai quitté mon département et je suis venu m'établir au beau
milieu de Paris. Je loge dans un modeste hôtel garni, où je vis honnête-
ment de ce que j'ai pu réaliser d'argent comptant dans mon pays ; l'économie est ma loi. J'ai la prétention
d'être indépendant. Trois ou quatre
fois par semaine je me mets en campagne, et le soir je rentre chargé de
notes que je rédige à mon aise, et tant
bien que mal, le lendemain. C'est
ainsi que j'ai rassemblé la matière des
deux volumes que je livre à l'impres-
sion.

La postérité prononcera sur le mérite de mon petit écrit, si toutefois

mon petit écrit lui parvient, et j'ai
le bon esprit d'en douter très fort.

Au surplus, je possède le secret de
certaines réputations contemporaines,
et je me propose d'en user.... Ceci,
lecteur, ne regarde que mon libraire
et moi.

~~~~~~

CHAPITRE II.

LES HÔTELS GARNIS.

Il est assez naturel de commencer ma revue par les hôtels garnis. C'est dans ces lieux que les étrangers de toutes les classes sont forcés de descendre, à moins qu'ils n'aient à Paris des parens ou des connaissances fort intimes qui les reçoivent chez eux; ce dernier cas est fort rare, et cela s'explique par l'extrême cherté des loyers

et la difficulté de se loger assez gran-
dement pour pouvoir disposer de ce
qu'on appelle une chambre d'ami.

Le prix des locations journalières
dans les hôtels garnis, varie à raison
de la beauté de l'appartement qu'on
occupe, de son voisinage avec les man-
sardes, et surtout du quartier dont on
a fait choix. Une distance prodigieuse
sépare les établissemens de ce genre
qu'on rencontre dans le faubourg St.-
Germain, par exemple, de ceux qu'on
trouve en si grand nombre dans les
environs du Palais-Royal.

On voit des hôtels garnis jusque dans
les quartiers les plus reculés ; les ouvriers et les gens de la campagne ont
aussi les leurs dans le centre de la

capitale comme à ses extrémités. Rien
de plus modeste : l'appartement ne
se compose, là, que d'un simple cabinet que remplit une couchette, ou
d'une vaste chambre où sont placés
plusieurs lits. Pour moins d'un demi-
franc, on y passe une nuit un peu
moins mal à son aise qu'à la belle
étoile ou à la Préfecture de police.

Toutes les commodités du luxe sont
rassemblées dans les grandes et belles
maisons garnies. A l'affût des ventes
de toute espèce qui se font fréquem-
ment à l'hôtel de Bullion * et ailleurs,
les propriétaires de ces établissemens

---

* L'hôtel de Bullion est situé rue J.-J. Rousseau, près la Poste aux lettres ; c'est là que se
font les ventes publiques de meubles.

se procurent les meubles les plus riches ou les plus élégans, à des prix
souvent au-dessous du cours; ce sont
eux qui profitent, en partie, des fautes
de ces dupes nombreuses qui se rui-
nent en superfluités.

Quelque recherché que soit l'ameu-
blement d'un hôtel garni, il manque
presque toujours cependant de cette
fraîcheur qu'on remarque dans la décoration des maisons particulières;
chaque meuble a son histoire à part,
ses phases de bonheur; il en est qui
ont essuyé des révolutions bizarres
avant de servir au premier venu :
tel beau lit de parade et tel élégant
canapé auraient de singulières confi-
dences à faire, s'ils trouvaient encore

un Crébillon fils pour leur servir d'in-
terprète. *

Le séjour dans un hôtel garni a cela
d'économique pour un étranger (quel
que soit d'ailleurs l'état de sa fortune),
qu'il dispense de toute reddition de
politesse coûteuse. On reçoit des dîners
sans se trouver dans l'obligation de
s'acquitter par des dîners; votre costume peut même, jusqu'à un certain
point, être négligé; on vous excuse,
parce que *vous êtes à l'auberge.* Plus
d'un avare provincial profite de ce
commode usage pour accepter sans
jamais rendre.

Une probité bien digne de remarque

---

* CRÉBILLON fils est auteur du *Sopha*, qu'il
a intitulé : *Conte moral.*

distingue les gens qui vous servent dans les hôtels garnis; tout ce que vous possédez est assuré, et se trouve comme placé sous leur responsabilité; on ne connaît pas d'exemple qu'ils en aient abusé. Toutefois, il est à propos, lorsqu'on possède des valeurs considérables, de les déposer chez le maître de l'hôtel : on sent qu'il ne peut en répondre si la déclaration n'en a pas été préalablement faite.

Beaucoup d'hôtels garnis offrent la ressource des tables d'hôte; elles sont d'une grande économie, et conviennent aux étrangers qui ne connaissent pas les bons Restaurateurs, ou ne veulent pas payer pour les connaître : en général on y est bien. Le Ciel ré-

2.

serve les voyageurs de bon appétit des
habitués de certaines tables d'hôte qui
regardent tout ce qui s'y sert comme
leur propriété, et ne souffrent qu'avec
peine le voisinage d'un étranger qui
leur dispute le choix des bons morceaux ; de même que dans certaines
villes de province où s'arrêtent les diligences, ces fléaux de tout convive
honnête et délicat, suivent dans l'ordre
du diner une progression contraire à
l'ordre établi : vous en voyez qui ne
se servent d'un mets ordinaire auquel
on touche peu (le bœuf, par exemple) qu'après avoir dépossédé les vo-
lailles de leurs ailes et défloré les plats
de primeur, sur lesquels ils tom-
bent avec la plus audacieuse activité.

Ce sont les *ventrus* de ces réunions.

On jouit d'une liberté très précieuse dans les hôtels garnis ; tous vos amis, et même vos amies, peuvent vous y venir voir sans s'exposer à être l'objet d'une enquête indiscrète. Il en est, au surplus, à-peu-près de même dans toutes les maisons de cette immense cité. On n'a pas le temps, à Paris, de s'occuper de ses voisins ; la médisance est un plaisir de petite ville, qu'on laisse aux oisifs des sous-préfectures. Les Parisiens ont bien autre chose à dire, à voir, à penser !

Là, point de gendarme empressé de vous demander votre passeport, ni de commissaire de police avide de savoir ce que vous faites, d'où vous

venez, où vous allez et ce que vous
pensez. L'action de la police est occulte.
Il ne faut qu'inscrire son nom et ses qua-
lités sur un registre *ad hoc*, que personne ne lit, et qui fort souvent n'est
pas lisible. Une fois cette formalité
remplie, vous pouvez parcourir Paris
de jour et de nuit, sans éprouver la
plus légère inquiétude : il suffit d'avoir
la bourse bien garnie. Au moyen de
cette indispensable précaution, un
étranger peut être fort tranquille ; il
n'a qu'à désirer ; dès-lors tout lui appartient : à Paris, tout ce qu'on voit
est à vendre, tout, absolument ; il ne
faut que pouvoir payer. *

* Cela est si vrai, qu'on s'est occupé, dans certains ministères, du soin de tariffer les consciences.

On compte beaucoup de célibataires
insoucians , plus ou moins favorisés
des dons de la fortune , qui demeurent
en hôtel garni pour se débarrasser de
tout soin important ; ceux-là vivent
chez le restaurateur, et ne font aucune dépense qui ne se rapporte à eux
seuls. Le moins qu'on puisse dire de
cette classe d'hommes, c'est qu'ils
sont à-peu-près à charge à la société.
Il est rare que celui qui vit ainsi, soit
un homme utile, un artiste, un ma-
gistrat, un écrivain recommandable.
Il n'a droit qu'à une patente d'*égoïste*,
et ses concitoyens manquent rarement
de la lui décerner.

Le nombre des hôtels garnis s'est
prodigieusement accru, comme celui

des restaurateurs et des cafés. A l'époque des grandes solennités, il n'est
pas toujours suffisant; mais ces cas
sont très rares, au dire des parties intéressés.

Le prix moyen d'une chambre décente, dans un quartier qui avoisine le Palais-Royal ou les Tuileries,
est de trois francs. Il serait curieux
de tenir registre des piquantes muta-
tions qui s'opèrent dans ces lieux toujours ouverts au public. A une veuve
succède parfois un célibataire; un
avare peut remplacer un joueur; près
d'un solliciteur Gascon, rêve un plai-
deur Manceau; le même étage recèle
un négociant intègre, un mandataire à
vendre, un bel esprit de département.

Une marchande de modes de chef-lieu n'est séparée que par une cloison d'un officier en semestre; et le hasard a placé plus d'une coquette aux yeux doux à côté d'un ecclésiastique à l'air patelin. Il est d'usage de laisser la clé dans le trou de la serrure ; on peut se tromper de porte, et dans une ville où l'on n'est pas connu, qu'on n'habite que depuis plusieurs jours, dont on peut être loin le lendemain, on sé permet bien des petits *extrà* dont on ne parle jamais.

On connaît des employés dans plus d'un département qui, pour solliciter l'avancement auquel ils croyent avoir droit, dépêchent leur femme à Paris; le moyen est bon sans doute,

et la preuve, c'est qu'il est souvent
mis à exécution ; mais si Madame écri-
vait, sans rien omettre, un journal
de son voyage ! . . . . .

CHAPITRE III.

BALS ET SOIRÉES.

AVANT de commencer ce chapitre,
il faut que je fasse aux Dames Parisiennes un aveu que la circonstance
commande impérieusement. Je sais
très bien qu'en fait de soirées, de bals
et de spectacles, il est assez difficile,
pour ne pas dire impossible, de leur
parler de quelque chose qu'elles ignorent; je leur rends, à cet égard, toute

la justice qu'elles méritent. Nier que
ces Dames savent tout, ont le senti-
ment de tout ce qui est gracieux, no-
ble, élégant; qu'elles ont deviné, pres-
senti tout ce que nos artistes ont pu
créer de remarquable; oser avancer
qu'elles manquent d'usage du monde,
de tact, de goût et même de discerne-
ment, ce serait vouloir nier l'évidence;
et je ne suis pas, grâce à Dieu, de ces
gens qui refusent de croire à la possi-
bilité d'un fait, par cela seul qu'il leur
est désagréable ou qu'il n'a pas été
prévu par eux.

Je veux consigner ici, dans un but
d'utilité, les remarques qui ont été
faites sur les soirées et les bals parisiens. Il y a tel chef-lieu de sous-

préfecture, et même de préfecture, où l'on ne sait pas au juste ce qu'il faut faire pour imiter les réunions de Paris. C'est une espèce de mot d'ordre, de consigne, que je crois devoir expliquer aux maîtresses de maison qui ont la prétention de recevoir à l'instar de la capitale. Malheur à celles qui ne se conduiront pas d'après mes instruc-tions ! elles courront le risque de perdre la place qu'elles occupent dans le cercle des connaissances et d'amis où elles vivent, et seront justiciables de la mode, dont les arrêts ne sont cassés par per-sonne, pas même par le dieu du goût.

Parlons d'abord des invitations. Pour une réunion qui, sans devoir être fort brillante, n'est cependant pas sans une

sorte de conséquence, les billets écrits
à la main sont plus honnêtes que les invitations imprimées ; les caractères go-
thiques indiquent un grand bal. Quand
le bal doit être précédé d'un concert,
un dessin lithographié, placé au bas
du billet, représente des instrumens
de musique, ou simplement un violon.

Tous les abords de la maison, lorsqu'on donne une soirée ou un bal,
doivent ressembler à ceux d'un endroit
public ; il faut que tout le quartier soit
dans la confidence. D'abord les portes
de l'hôtel doivent être ouvertes ; la
cour et le bas de l'escalier doivent être
éclairés par des lampions. Pour compléter la ressemblance avec un lieu
public, des domestiques échangent,

contre les manteaux et les pelisses,
qu'ils placent dans une salle servant
de vestiaire, des numéros d'ordre dont
on garde le double.

Pour qu'une maîtresse de maison
puisse se vanter d'avoir eu *du monde*,
il faut qu'à une certaine heure de la
nuit, à-peu-près au commencement
du bal, on ne puisse faire un pas dans
les salons, et qu'on soit venu plusieurs
fois la prévenir qu'un grand nombre de
personnes attendent sur l'escalier le
fortuné moment où il leur sera permis
d'étouffer dans l'intérieur.

Il faut s'estimer heureux lorsque
la dame du logis vous ayant aperçu,
daigne vous sourire et vous tendre une
main que vous êtes autorisé à baiser,
3..

selon l'usage de plusieurs peuples du Nord. Il est superflu de dire qu'une haute dignité civile ou militaire, un grand cordon, ou beaucoup d'or, donnent seuls le droit d'aspirer à cette faveur. Le commun des martyrs passe inaperçu, et s'en venge en critiquant *in petto* la figure ou le costume de la divinité du lieu.

Il n'est pas rare qu'en faisant, le lendemain d'un jour de fête, l'inventaire de certains petits meubles portatifs, ou des bijoux de prix qu'on a laissés à leur place, on ne trouve pas absolument son compte; cela prouve incontestablement qu'il y avait *un monde fou*, et que quelque galant chevalier, épris des beautés de la dame

qui recevait, a voulu conserver d'elle
un de ces souvenirs qu'on peut, au
besoin, échanger contre quelques pièces du plus vil des métaux. Le moyen
d'ailleurs de connaître les gens à la
mine ? Quand tout le monde est éga-
lement bien vêtu, comment recon-
naître un fripon subalterne ? On ne
saurait imaginer à combien de quipro-
quos de ce genre ont donné lieu ces
diables d'habits *habillés*.

Le punch doit être servi à profusion : les plus nouveaux verres sont
en cristal et taillés à facettes ; ils ne
doivent plus être à patte, mais en
forme de baril et munis d'une anse.
Ce qu'a de mieux à faire une maîtresse de maison qui ne possède que

des verres de l'ancien modèle, c'est
de les briser, ou de les laisser à la dis-
position de ses gens; ce qui revient
absolument au même.

Après le souper, car il y a des maisons où ce gothique et bienfaisant usage
est encore en vigueur; après le souper,
on passe aux danses destinées à tuer le
bal, à le terminer sans plus de délais;
telles sont *la Boulangère* et *les Pan-
talons*, *l'Écossaise* et *l'Anglaise;* il
faut, pour la dernière, des danseurs
d'élite en état de la bien conduire, ce
qui ne se rencontre pas toujours, car
l'Anglaise ne se mène pas facilement.

Un des moindres inconvéniens des
grands bals, inconvénient qui, au
moins, a le mérite d'être le dernier,

c'est d'attendre fort long-temps sa voiture. En province, où très souvent deux ou trois *remises* * se chargent successivement des vieilles et des jeunes, de la noblesse et des vilains, on ne se doute pas de ce genre de contrariété; mais en province on se connaît, on se voit passer, on se critique, on se déchire même, après toutefois qu'on s'est cordialement embrassé : la politesse avant tout.

* On appelle *Remises*, à Paris, des voitures de louage qui, très souvent, ne diffèrent des *Fiacres* que parce qu'elles ne sont pas numérotées.

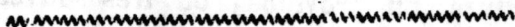

~~~~~~

CHAPITRE IV.

LE FOYER D'UN THÉATRE. *

ATTENTION ! *le vaudeville final* est à peine achevé, l'orchestre joue encore la dernière mesure de la ritournelle, et déjà le foyer qui, peu d'ins-

* La scène est prise, pendant la représentation, au moment où l'on vient de baisser le rideau après une pièce.

tans avant, n'était habité que par le
commis du libraire, l'israélite aux
lorgnettes, la sous-limonadière et l'officier de service, est de nouveau visité
par les spectateurs. On y revient en
foule en fredonnant le refrain de la
pièce à la mode : des hommes, rien
que des hommes, c'est bien triste !...
Voilà bien deux ou trois femmes ; mais
quelles tournures ! ce sont *des pro-*
vinciales. Ces chapeaux fanés, ces
schalls qu'on porte tout ployés sur le
bras, ces robes qui nous rappellent la
mode du mois dernier, ces anachronismes de toilette, ce bizarre assem-
blage de couleurs qui ne s'harmonisent
point !... tout cela n'a rien d'attrayant.
Voyons donc passer les hommes.

En voilà trois qui se tiennent sous le bras ; leur air est dédaigneux ; ils parlent de la pièce nouvelle, écoutons : « *La donnée* est commune ; c'est mal *charpenté ;* rien *qui soit nature....* ; le dialogue manque *de trait ;* toutes les plaisanteries *font four,* * etc. » Ce sont les auteurs d'une pièce que l'on répète, et qui ne sont pour rien dans celle qu'on vient de jouer.

Ce Monsieur dont la physionomie manque d'expression, qui même a quelque chose de trivial et de commun, c'est un membre du comité de lecture, une espèce de machine appelée à voter dans les yeux de son chef

* Expressions techniques.

de file, et qui maudit l'obligation où il se trouve quelquefois placé, de motiver ses refus par écrit.

Et cet autre qui bâille : tous les soirs, à la même heure, il est à son poste ; rien ne l'amuse moins que le spectacle ; mais il faut bien qu'il y vienne, puisque sa qualité d'*actionnaire* * lui donne une entrée : il n'est pas homme à faire grâce au public de sa présence.

Quel est ce jeune homme qui s'assied dans l'endroit le plus apparent, pour prendre des notes ? J'entends : c'est le rédacteur d'une feuille dont le premier numéro a paru la semaine passée, et qui n'existera plus la semaine prochaine.

* Intéressé dans l'entreprise.

Et cet adolescent, qui voit très clair, mais qui se sert d'un lorgnon pour faire voir que sa main est recouverte d'un gant blanc? C'est le troisième clerc d'un notaire voisin, qui se vante de connaître *particulièrement* M. Scribe, parce que cet auteur est sorti du collége de Sainte - Barbe le jour qu'il y entrait. *

Voici deux inséparables qu'on voit partout : leurs cheveux blanchissent ; ils ont des décorations qu'ils cachent ; la Victoire les connaît ;... je les connais

---

* M. Scribe est, sans contredit, l'auteur de vaudevilles le plus piquant et le plus fécond de l'époque, et cependant il n'a fait *tout seul* qu'une seule pièce restée au répertoire, *la Haine d'une Femme.*

aussi, mais je ne les nommerai pas :
tout le monde se retournerait pour les
voir, car tout le monde les *considère*.

Me tromperais-je sur la position,
dans le monde, de ce gros Monsieur
au visage fleuri, qu'accompagnent plusieurs personnes qui l'écoutent en sou-
riant ? Je gagerais que c'est, au moins,
un receveur-général... On rit ; aurait-
il, par hasard, laissé échapper un mot
spirituel ? Non ; mais il raconte qu'à
la dernière audience qu'il a obtenue,
Monseigneur lui a dit, en lui donnant
une petite tape sur le ventre : « Nous
comptons sur vous. »

Mais la foule augmente, et je ne
distingue plus les masques ; me voilà
dans la position de cette Dame qui

trouvait qu'à Paris le grand nombre
des maisons l'empêchait de voir la
ville.

Voici des avocats, des commerçans,
des militaires, des écrivains ; puis encore des écrivains, des militaires, des
commerçans et des avocats. On parle
de la nouvelle du jour, des travaux
du lendemain, de la pièce de la veille ;
on discute, on médit ; on rit les uns
des autres ; on se salue, on se reconnaît, on se méconnaît ; enfin, c'est
là comme partout ailleurs : les plus
modestes sont perdus dans la foule,
et les plus audacieux cherchent à attirer sur eux tous les regards ; on se
presse, on se coudoye, on se hâte
d'arriver ; puis on revient sur ses pas,

jusqu'au moment où le coup de son‑
nette, d'acteur que vous étiez, vous
change en spectateur. C'est une lé‑
gère esquisse de la grande scène du
monde.

4.

~~~~~~

CHAPITRE V.

L'OPÉRA ITALIEN. — LE GYMNASE. *

La mode ne se borne pas à prononcer sur la coupe d'un habit, la forme d'un chapeau, les dimensions d'une

---

* Le Gymnase est le théâtre le plus nouveau de la capitale; sa construction ne remonte qu'à la fin de 1820. Il vient d'obtenir l'autorisation de prendre le titre de *Théâtre de Son A. R. Madame la Duchesse de Berri.*

garniture de robe, ou la couleur de la
caisse d'un *Landaw ;* les bornes de sa
juridiction ne sont pas même exacte-
ment posées; la mode exerce une in-
fluence immédiate sur les objets les
plus graves, les choses les plus sé-
rieuses, les affaires les plus importantes. A Paris, elle dicte des arrêts,
elle impose des lois qu'on exécute à la
lettre. En province, où l'on craint
moins le ridicule, où souvent même
on le brave impunément, on modifie
l'exécution des volontés de la mode,
on va jusqu'à s'en moquer. Dans la
capitale, le ridicule est indélébile; il
s'y rencontre des gens qui le craignent
plus que l'infamie.

Décidément la mode a pris sous sa

puissante protection deux spectacles
de genres bien différens : *l'Opéra italien* et *le Gymnase*. Ces deux théâtres
servent de rendez-vous à la meilleure
compagnie ; et par meilleure, on entend, de temps immémorial, la plus
brillante. *M. Bonardin*, si plaisam-
ment représenté par Potier, * n'a pas
tort d'assister régulièrement à la sortie
de certains théâtres, c'est là qu'on
surprend le secret des caissiers ; si
vous voyez réunis à la porte un grand
nombre d'équipages, dites que la recette est bonne.

Le goût bien prononcé de la géné-

---

* Dans une pièce du théâtre des Variétés, in-
titulée : *le Petit Corsaire.*

ration actuelle pour la musique, et surtout pour la musique italienne, explique la vogue dont jouit le Théâtre Italien depuis plusieurs années.

Au temps où les Bouffes exploitaient le Théâtre de l'Odéon concurremment avec les seconds Comédiens Français, la colonie harmonieuse établie en ce vaste désert parvenait plusieurs fois, chaque semaine, à le peupler de *dilettanti*; le public s'enfuyait dès que les chants avaient cessé, pour ne revenir qu'au signal que leur donnaient *les Bouffes.* Aujourd'hui on se porte en foule au Théâtre Louvois, dont les voûtes ne redisent plus cependant les accens de Madame Mainvielle.

L'aspect de cette dernière salle, les

jours de représentations d'apparat, est
de l'effet le plus séduisant. Celui
qu'offre la vaste salle de l'Opéra n'est
pas plus beau. Aux Italiens, le silence
est de rigueur; la perte d'une note
est sentie à la ronde, c'est une cala-
mité publique. A l'Académie Royale
de Musique on semble dire : « Autant
» de gagné, » et l'on ne se tait que
pendant la danse.

A l'Opéra Italien, les habitués se
connaissent et se cherchent; l'inquiétude est grande, alors qu'on n'aperçoit pas à sa place tel amateur sexagé-
naire; autant vaudrait qu'il manquât
un des premiers exécutans de l'orchestre, ou qu'on vînt annoncer l'en-
rouement subit de la cantatrice en

renom. Le public, à l'Opéra, se renouvelle incessamment; et si l'on excepte quelques habitués inamovibles du balcon, et deux ou trois douzaines de têtes poudrées qui viennent dormir à l'orchestre, on n'y rencontre jamais ce fonds d'intrépides spectateurs qui semblent défier les événemens de les faire déroger à leur exactitude.

Le Gymnase a d'incontestables droits à la vogue dont il jouit; aucun autre théâtre ne peut lutter avec lui d'adresse et d'activité. Aux Variétés, au Vaudeville, on s'endort quelquefois; le Gymnase veille toujours. On ne peut rendre trop de justice aux soins constans qu'on apporte dans les plus minutieux détails de la mise en

scène, au goût qui préside aux accessoires, aux efforts qu'on ne cesse de
faire pour que ces accessoires soient,
le plus possible, heureusement imités.
Au théâtre, il faut bien se garder de
négliger tout ce qui peut concourir à
compléter l'illusion ; c'est en cela qu'on
excelle au Gymnase. Point de ces vieilles
décorations tachées d'huile, qui rappellent trop au spectateur que les coulisses ne sauraient être, comme la
salle, éclairées par le gaz. Point de
ces figurans, et surtout de ces figurantes, dont les costumes vieux et fanés font penser à ceux de ces petits
comédiens qui ne vont qu'en voiture......... Je connais, à certain autre
théâtre, où l'on chante aussi le vau-

deville, plusieurs couples de figurans
des deux sexes, qui, depuis 1794, représentent, sous les mêmes habits,
les jeunes villageois, la suite des
princes, les troubadours et les ba-
chelettes.

On voit souvent, dans les loges étroi-
tes du Gymnase, des parures aussi soi-
gnées, des femmes d'aussi bon ton
qu'aux théâtres royaux (je parle de
ceux qui ont encore le privilége d'attirer
la foule). Une nombreuse livrée assiége
presque invariablement le péristyle et
toutes les avenues. Tel manteau brillant, telle riche pelisse a manqué son
effet pendant la représentation, qui
ne peut manquer d'être aperçu à la
sortie ; on triomphe encore avant de

remonter en voiture , et le temps qu'on passe à attendre son équipage n'est pas perdu pour tout le monde.

Il est fâcheux pour ce théâtre, et surtout pour les intéressés , qu'on ait repoussé , découragé tous les auteurs, sans aucune exception , qui ont voulu descendre dans l'aréne pour disputer loyalement quelques couronnes à M. Scribe , surnommé *le Monopoliseur*. Tous les ouvrages qu'on représente au Gymnase , sans être précisément de la même plume , puisque M. Scribe s'adjoint invariablement un ou plusieurs collaborateurs , ont une teinte d'uniformité qui , bien que spirituelle et piquante , amènera promptement le dégoût et la satiété,

CHAPITRE VI.

LE QUAI AUX FLEURS. *

La nature a revêtu son habit de fête,
ou, si l'on veut, le souffle du zéphyr
a fondu les glaces de l'hiver ; ou, si
l'on veut encore, et pour parler tout

* C'est-à-dire le *Marché-aux-Fleurs;* il borde
la Seine depuis le *Pont - au - Change* jusqu'au
Pont-Notre-Dame.

simplement, le printemps est de retour. Le Quai aux Fleurs, qui pendant la mauvaise saison n'est visité que
par quelques intrépides botanistes,
a repris son importance annuelle : on
y revoit des femmes et des roses.... Le
rapprochement se présente ici de lui-
même ; il me met à l'abri de tout reproche de fadeur.

L'emplacement sur lequel est établi
le Marché aux Fleurs appartient à la
Ville ; il a été cédé par elle à l'Administration des Hospices pour un certain nombre d'années ; cette sage et
prévoyante Administration est chargée
de l'entretien des arbres, de celui des
fontaines, et perçoit de chaque marchande un droit, dont le produit est

destiné au soulagement des malheureux. Les fleurs devraient éclore spon-
tanément sur un pareil terrain; cependant on est obligé de les y appor-
ter des campagnes avoisinantes.

Les marchandes sont placées sur
deux rangs, à travers lesquels cir-
culent les acheteurs, les indifférens
et les curieux. On compte cinq ou six
fleuristes assez jolies, et surtout pas-
sablement coquettes ; toutes ont la
tête couverte d'un vaste chapeau de
paille, sous lequel on distingue un
petit bonnet de tulle fort élégant. Si
la coquetterie peut être permise, c'est,
à coup sûr, au Quai aux Fleurs. Il
faut bien que ces dames soutiennent
la concurrence qui s'établit naturelle-

5..

ment entre elles et leur marchandise.

Dès sept heures du matin on voit
du monde au marché ; mais les belles
dames et les Anglais, qui sont toujours
là dans la proportion d'un à douze, au
moins, n'arrivent guère qu'à dix heures. Le visage des marchandes s'épa-
nouit à la vue de l'insulaire qu'accompagnent une ou plusieurs femmes : ce
sont des dupes obligées; on leur vend
tout au centuple , et simplement par
esprit national.

On voit sur le Quai aux Fleurs,
chaque jour de marché, un escamo-
teur qui tire les cartes, et une marchande de vulnéraire. Le premier ,
doué d'une élocution facile, possède
un vocabulaire de mots à la portée de

ses auditeurs ; ses phrases n'ont rien d'apprêté. « Si je vous promettais la fortune, dit-il ordinairement, je serais un imposteur ; je n'ai point le secret de m'enrichir, et la preuve, c'est que je ne suis pas riche ; mais je puis vous promettre un amant fidèle et généreux, des maris complaisans et des gains à la loterie. » Quant à la marchande de vulnéraire, elle montre aux passans ébahis, un herbier où sont rassemblées, dit-elle, toutes les plantes exotiques qui entrent dans la composition de son vulnéraire : en y regardant d'un peu près, on y distingue de la laitue et des feuilles de choux.

Entre neuf et dix heures, à l'heure du déjeuner, les ouvriers font leurs emplettes. Il est rare qu'ils laissent remporter un seul pot de basilic : un usage traditionnel veut que cette plante fleurisse au rez-de-chaussée, dans la loge du portier, ou bien, au sixième étage, dans la mansarde de l'artisan.

D'autres fleurs, un peu moins communes, vont embellir des jardins d'un pied de profondeur sur trois de largeur, et végéter à l'ombre du cobéa, de la capucine ou du haricot montant. Leur destinée est de mourir à vingt toises au-dessus du sol qui les a fait naître.

Aussitôt qu'arrive *le beau monde*, il faut voir l'empressement des marchandes et l'air affable avec lequel

elles accueillent le connaisseur, que
suit un homme chargé d'une hotte,
ou les élégantes qu'escortent des la-
quais. Elles se servent alors des noms
de fleurs de la nouvelle nomencla-
ture, et les écorchent de manière à
faire frissonner un apprenti jardinier
du Cabinet d'Histoire Naturelle. *

Peu à peu les fleurs disparaissent,
les parterres se dépeuplent, les connaisseurs s'éloignent; c'est une leçon
de morale en action : il ne vient pas
à telle jeune et jolie personne, que
l'œil distingue au milieu des richesses
de Flore comme la rose placée sur

* *Le Cabinet d'Histoire Naturelle* est au
Jardin du Roi.

une tige plus élevée que les autres
fleurs, l'idée que sa beauté doit dis-
paraître aussi.

On emploie toutes sortes de moyens,
qu'on dissimule adroitement, pour
donner à certaines fleurs l'éclat et la
vivacité que leur refuse une nature capricieuse ; il faut être en garde contre
ces moyens : telle fleur qui vous a paru
brillante de santé, est frappée de mort,
ou porte dans son sein le germe d'une
destruction prochaine. On pare aussi
dans le monde une jeune fille qu'on
destine aux autels de l'hymen ; on
cache avec soin les torts de la nature :
quand l'amant n'a pas su les décou-
vrir, il faut que le mari les supporte
et se taise.

CHAPITRE VII.

UN DIMANCHE DU PRINTEMPS.

LES provinciaux et les gens de la campagne envient le sort des Parisiens. Quel plaisir, disent-ils, d'habiter la première, la plus curieuse ville du monde !..... De leur côté, les Parisiens, que le sort condamne à vivre dans une atmosphère épaisse et malsaine, ont la plus haute idée du bon-

heur qu'on goûte aux champs. Il résulte de cet état de choses que les uns
et les autres sont heureux, ou tout au
moins contens, lorsqu'ils se procurent
un plaisir qui n'est pas habituellement
à leur portée. Aussitôt qu'ils le peuvent, les provinciaux viennent visiter
la capitale : à la première apparence
de beau temps, les Parisiens franchis-
sent gaîment les barrières. Tout est
donc pour le mieux.

Les ateliers sont déserts, les magasins sont fermés, les boutiquiers ont
mis leurs trésors sous la sauve-garde
de vingt barres de fer, et les employés
des administrations, les commis de
toute espèce ont juré de ne rentrer
au logis que parés de la dépouille des

bosquets mystérieux de Belleville, * et pavoisés, pour ainsi dire, de touffes de lilas.

La population entière, avide d'émotions nouvelles, de plaisirs qu'elle ne goûte pas depuis long-tems, s'est élancée dans les rues; elle inonde les promenades et les places publiques; elle déborde partout; elle va chercher la santé, la vie hors des murs d'enceinte, par-delà les limites que le fisc a posées et qu'il recule sans cesse.

Que de corps exténués par la fatigue et les veilles, par les privations

* Les bois de *Belleville* et de *Romainville* sont visités particulièrement par la petite bourgeoisie. Leurs ombrages servent, dit-on, fort souvent de refuge aux amours.

6

ou des causes contraires! que de visages décolorés, que de santés altérées, de teints flétris! comme tous ces gens-là ont besoin de respirer l'air pur de la campagne!.... Suivez-les : à peine ont-ils franchi la barrière, vous les voyez entrer et s'entasser dans quelque guinguette où ils resteront jusqu'au soir, peut-être même jusqu'au lendemain, ce qui ne les empêchera pas d'affirmer et de croire qu'ils sont allés se promener.

Où donc êtes-vous, peintres des mœurs? Prenez vos pinceaux, les modèles posent de tous les côtés; vous n'avez que l'embarras du choix. Voyez ce mélange bizarre de toutes les modes qui se sont succédé depuis la Ré-

·gence jusqu'à nos jours, du ministère
fameux de l'abbé Terray au printemps
de 1824. A côté de ce parapluie pri-
mitif est une ombrelle de l'été dernier ;
un habit marron donne le bras à une
robe à la vierge ; l'habit habillé se
marie à la blouse ; le *sirsaka* nargue
le *barège*, le *bouracan* lutte avec le
mérinos, et le *gros de Naples* triomphe du *pékin*.

Remarquez, dans le même groupe,
tous les extrêmes, tous les contrastes :
le frac anglais écourté et l'habit-re-
dingote à larges basques, la polonaise
et la houpelaude, le chapeau à la vic-
time et le feutre pointu à la *Robinson*,
les formes de l'ancien régime tout près
de celles du nouveau ; et cette variété

de coiffures de paille, de soie, de bois,
de baleine, d'écorce d'arbre, de ro-
seau, etc. Les hommes se coiffent de
tout, excepté de..... ce qui est bien.

Que ne connaît-on l'histoire de telle
robe, de telle guirlande aujourd'hui
si fanée ! Nos vêtemens sont soumis à
des vicissitudes sans nombre ; ces fleurs
achetées au *marché du Temple*, *
dont les couleurs sont effacées, ont
brillé sur le front d'une riche héri-
tière, une coquette sur le retour s'en
pare aujourd'hui ; elles ont le pou-

* Le Marché du Temple n'est pas un des
moins curieux endroits de la capitale : on y vend
toutes sortes de marchandises de rencontre ; rien
n'y est neuf ; c'est là que se rendent les consommateurs qui ne peuvent pas ou ne veulent pas
dépenser beaucoup.

voir de rendre la vieillesse ridicule.

On prétend que tout le monde étant
vêtu de même, il est maintenant impossible de deviner la profession des
passans à l'inspection de leur costume : regardez, regardez bien, et
vous apercevrez distinctement certaines nuances, certaines habitudes du
corps qui d'abord peuvent échapper.
L'artisan, le propriétaire, le négociant, l'employé, ont des manières
qui leur sont propres. A l'heure de dîner ou à celle de se reposer, toutes ces
gens se classent selon leurs goûts,
leurs habitudes, leurs prétentions.
Voyons-les entrer chez le restaurateur en renom, chez le traiteur modeste, ou dans la boutique du mar-

6...

chand de vin ; le costume alors n'est
plus pour rien, le naturel reparaît.
Et le soir, dans les spectacles ! la salle
n'est-elle pas pleine du bas en haut ?
cependant les prix ne sont pas les
mêmes.

A peine le soleil est-il couché, que
la multitude des promeneurs fait un
mouvement sur elle-même, elle rentre
dans les murs de la capitale, et
jalonne les routes qu'elle suit en
s'arrêtant à tous les cafés ; chaque
groupe se compose, tour-à-tour, de
spectateurs ou d'acteurs, de curieux
qui regardent ou d'originaux qu'on
observe. A dix heures du soir la foule
diminue, à onze heures elle augmente,
elle disparaît à minuit.

CHAPITRE VIII.

LES TABLES D'HÔTE.

Il y a dans Paris plusieurs sortes de tables d'hôte; en général, leur aspect diffère on ne peut plus de celui des tables d'hôte de province. On sait par cœur tout ce qui se fait, tout ce qui se dit dans ces dernières; il ne faut pour cela qu'avoir franchi, en diligence, les trente lieues de poste

qui nous séparent d'Orléans , ou bien
encore avoir risqué, comme tout digne
Parisien doit le faire , un voyage à
Dieppe ou au Havre *pour voir la mer.*

Je ne veux qu'amener l'attention des
chefs de famille sur certaines réunions
dont l'appât séduit les jeunes gens sans
expérience, et les conduit tout douce-
ment à leur perte. Le nombre en est
prudemment limité ; mais quelque peu
considérable qu'il soit, il est trop grand
encore. A Paris , les maisons de jeu
ne sont pas par centaines, cependant
on se plaint des malheurs qu'elles oc-
casionnent ; on dit, et l'on a raison,
qu'elles ont causé la ruine de plus
d'une maison de commerce, et dé-
tourné du chemin de l'honneur tel fils

non émancipé et tel père de famille qui, sans elles, n'auraient eu rien à se reprocher. Est-ce que les tables d'hôte que je signale paieraient aussi chèrement que les maisons de jeu, le droit de jouir de l'impunité ?

Entrons à cinq ou six heures précises dans un de ces lieux publics ; rien n'annonce à l'extérieur que la maison renferme un établissement où tout ce qui possède une pièce de cinq francs peut être admis, quels que soient le sexe et la condition. Il faut donc être *présenté;* le cérémonial de la présentation ne doit effrayer personne ; la maîtresse de la maison est invariablement d'une bienveillance proportionnée au costume et à la bonne ou mauvaise

opinion qu'on lui a donnée, à l'a-
vance, de la personne qui survient.
Le parrain, ou présentant, est habituellement un *ami* de la maison,
espèce d'agent ambulant toujours vêtu
selon la dernière mode. On prétend
qu'il perçoit une prime pour chaque re-
crue qu'il fait; je n'en crois rien : ses
relations sont telles, qu'il serait peu généreux à lui d'y prétendre. Il se paye en
nature, et son couvert est toujours mis.

Le *de*, qu'on ajoute aujourd'hui si
facilement à tous les noms, est un
ornement obligé de celui de la souve-
raine du lieu; presque toujours l'am-
bitieuse particule est suivie d'un nom
de saint. On n'a pas d'idée de la con-
sistance que cela donne dans un cer-

tain monde : Madame de Saint-Elfride, de Saint-Georges, de Saint-André; c'est d'un effet sûr. Il n'y a pas de mal qu'on ait marqué dans le monde, n'importe comment, l'essentiel est d'avoir fait naguère parler de soi. Si l'on peut se vanter d'avoir connu particulièrement un lord, d'avoir ruiné un prince russe ou *plumé* un baron allemand, on est entouré de toute la considération imaginable; c'est la vétérance des femmes galantes; toutes les autres ne vont qu'aux Invalides. Un autre moyen de succès est d'être attaché, ne fût-ce que *ad honores*, à un des théâtres de Paris, soit comme actrice, soit comme danseuse, soit même comme figurante : qui pourrait alors vous refuser une juste portion d'estime?

La société se compose d'élémens en apparence hétérogènes, et qui pourtant se conviennent très bien : des dupes et des fripons. Ce qui peut arriver de moins malheureux, à la longue, aux jeunes gens qui fréquentent ces maisons, c'est de commencer, comme l'a dit Madame Deshoulières, par être l'un, et de finir par devenir l'autre. Des hommes qui n'ont plus rien à perdre, des escrocs qui ont tout à gagner, et des femmes avec lesquelles on peut tout-à-la-fois perdre et gagner, tel est le fonds des habitués de ces sortes d'endroits. Viennent ensuite les très jeunes gens qui, pour leur malheur, y ont été conduits; quelques personnes qui observent par goût, et enfin ces êtres répandus en si grand nombre dans ce qu'on est convenu d'appeler *la société*, et qui observent par devoir.

Ce ne serait rien que d'aller là pour prendre un ou deux repas ; les indigestions y sont moins fréquentes qu'ailleurs ; la chère y est, en apparence, recherchée, mais peu délicate, et surtout point abondante. Le dîner n'est que le prétexte de la réunion, c'est le jeu qui en est le but véritable.

A peine a-t-on pris le café qu'on passe au salon, où des tables d'écarté sont en permanence ; un voisin fort aimable, qui vous a constamment accablé de politesses, de prévenances

affectueuses, vous propose de jouer,
à la première partie, *sans revanche*,
une bouteille de Bordeaux qu'il a fait
venir et dont vous avez sablé la moitié.
Vous ne pouvez refuser ; on joue ; il
perd et propose la valeur en argent,
sans plus; il faut bien accepter. Le
malheureux perd encore ; il se fâche
alors contre la maîtresse de la maison ;
celle - ci s'excuse, avec bonhomie,
contre les cartes, qui n'en peuvent
mais, et qu'on déchire afin de pouvoir en demander d'autres....; la partie s'engage alors, et vous perdez toujours, quoique tout le monde, et particulièrement *ces Dames*, aient constamment parié pour vous, tant vous
leur paraissez habile à ce jeu, tant

vous leur avez inspiré de confiance !

On revient le lendemain, le surlendemain ; on passe les jours et les nuits
au même lieu : comme il n'y a pas
d'épines sans roses, vous avez intéressé, par votre infortune, une *Dame
veuve*, habituée de la maison en l'ab-
sence de son pauvre mari qui voyage
à l'étranger ; elle vous a prié de la ra-
mener chez elle, vous y avez consenti :
une liaison se forme..... et quelques
mois après vous êtes ruiné ou désho-
noré.

~~~~~~

CHAPITRE IX.

BALS CHAMPÊTRES,

intra et extra muros.

Si le plaisir est quelque part, ce doït être au milieu de ces réunions animées et bruyantes que Momus et les gendarmes semblent avoir prises sous leur protection, et dont la direction et la surveillance leur sont exclusivement confiées. Une garde nombreuse, active et protectrice, veille à la porte de *Tivoli*, de *Beaujon*, * comme à celles du *Salon de Flore* et de l'*Ile d'Amour ;* mais on serait quelquefois tenté de croire qu'elle a pour consigne de ne laisser entrer la joie et le contentement que dans ces deux derniers jardins ou dans ceux qui leur ressemblent. Disons-le franchement, le Plaisir a mauvais ton ; cet enfant de l'indépendance s'accommode mal de l'étiquette et des belles manières.

* Les deux plus beaux Jardins publics, tenus par des particuliers, qui soient à Paris. Bientôt ils auront cessé d'exister : des spéculateurs ont acheté les terrains pour y bâtir.

7..

Pendant qu'on se promène triste-
ment dans la belle allée de Tivoli, en
attendant le feu d'artifice, on s'amuse,
on rit, on danse, on mange, on boit
sous les bosquets plébéiens de *Filard*
et de *Desnoyers;* * l'activité la plus
piquante et le mouvement le plus va-
rié se font remarquer dans les salons
de trois cents couverts du *Caprice* et
du *Sauvage.* La *Rotonde de Mars* **
et le bal du *Zéphyr* ne désemplissent
pas; on se bat à la porte, mais c'est
pour entrer; une fois dans l'intérieur,
on redevient amis, on se tend la main

---

* Guinguettes fort connues. Voir, pour l'ex-
plication du mot *guinguette*, le Chap. XI.

** *Idem.*

pour former la *chaîne anglaise*, et
l'on trinque gaîment, entre deux con-
tre-danses, avec du vin à dix ou à
douze sous.

J'ai nommé le *Bal du Caprice ;*
c'est là que, soit à cause du nom, ou
pour tout autre motif, on voit un plus
grand nombre de belles. Le bal *du
Caprice* est situé dans la rue des Martyrs; il ne paraît pas que ce soient les
rigueurs du sexe qui aient fait donner
ce nom à la rue où l'établissement est
situé. Vient-on prier les habituées pour
une contre-danse? on ne s'expose jamais à un refus; et tel est l'ordre que
ces beautés mettent dans leurs plaisirs,
qu'un cavalier succède à un autre sans
qu'il en résulte jamais une rixe dan-

gereuse; tous leur conviennent, pourvu qu'ils se présentent l'un après l'autre : le cumul n'est permis qu'avant
ou après le bal.

Les *Corybanthes* sont situés hors
la barrière du Trône, dans l'avenue
de Vincennes. Je défie l'étymologiste
le moins embarrassé, d'expliquer le
genre d'analogie qui peut exister entre
les prêtres de Cybèle, à qui on confia
l'éducation de Jupiter, et les habitués
de ce bal champêtre; en vain me di-
rait-il que les *Corybanthes* ou *Curètes*
célébraient leurs fêtes « en battant le
tambour » (c'est-à-dire la caisse), en
courant, sautant et dansant comme
des insensés, il ne saurait exister de
comparaison. *La société*, en hommes,

se compose ordinairement des hôtes d'une caserne voisine; il faut qu'ils s'observent là comme à l'exercice, et s'amusent jusqu'à une heure donnée : s'ils s'oublient un instant et manquent l'heure de l'appel, chaque retard leur est fatal, et se paye à raison d'un jour de salle de police par minute de plaisir.

Tel est le bon ordre qui règne en ce lieu, qu'un avis affiché porte que les *cavaliers* devront garnir de linge la molette de leurs éperons, par égard pour les robes des Dames. L'entrée de ces bals est gratuite, et le cachet ne se paye ordinairement que vingt centimes. Il n'y a guère que la *Grande Chaumière* et le *Jardin du Delta* où l'on paye à la porte. Dans ces deux derniers endroits, où d'ailleurs on voit *de plus beau monde*, le cachet de contre-danse se paye cinq centimes de plus; mais qu'est-ce qu'un sou quand on songe aux *connaissances* qu'on peut y faire : point de casaquins, de robes de toile, de bonnets ronds; des chapeaux, des barèges, des écharpes, des sautoirs, et même des cachemires. On a vu quelquefois, au *Delta*, des marchandes de modes de la rue Vivienne, qui, au risque de se mésallier, donnaient le bras à de simples élèves en droit ou en médecine.

C'est à la *Grande Chaumière* que je donnerais la préférence sur tous les autres bals champêtres; le jardin est entretenu avec goût et recherche; on y trouve un excellent restaurateur, des cabinets particuliers et *des Montagnes.* C'est aussi là qu'on entend les contredanses les plus jolies : *l'Hortense de l'École des Vieillards* n'y est déjà plus nouvelle ; on y danse *la Romantique* et *la Solitaire*, et *la Rentière* est fort goûtée. *

O vous, oisifs de la capitale, qui ne savez plus où passer une heure sans ennui, qui bâillez partout comme on bâille à l'Académie Royale de Chant, ou à l'autre Académie, allez visiter *le Salon de Flore,* celui *de Mars*, *le*

---

* On donne presque toujours aux contredanses des noms de circonstance. A l'époque où ceci a été écrit, on s'occupait beaucoup du fameux projet de loi sur la réduction des rentes.

Caprice, *le Sauvage*, *les Corybanthes*, et vingt autres endroits de même
sorte ; abordez surtout *à l'Ile d'A-
mour*, et si vous n'y trouvez pas le
plaisir que vous cherchez, où voulez-
vous qu'il soit?

~~~~~~~~~~~~~~~~~~~~~~~~~~~~~~~~

CHAPITRE X.

PROMENADES PUBLIQUES.

L'ORGUEIL, le luxe et la vanité ont
établi partout des distinctions ; les gens
riches, comme ceux qui veulent le
paraître (et dans Paris la différence
n'est pas toujours visible au premier
coup - d'œil), les gens riches ne se
mêlent jamais avec les pauvres, dans
la rigoureuse acception du mot. Une

8

élégante dédaignerait de respirer le
frais au Luxembourg, au Jardin-des-
Plantes ; un *fashionable* aimerait autant rester dans sa chambre que se
promener à deux portées de fusil du
boulevard de Gand : il faut qu'il étouffe
à quelques pas de *Tortoni*. *

Le Jardin des Tuileries est, de toutes
les promenades de la capitale, le seul
endroit où se réunissent, sans jamais
se confondre, toutes les classes d'oisifs
et de promeneurs. Remarquons bien
cependant que le public *de la belle
allée* est parfaitement étranger à celui
de la grande, et que tel habitué de la

---

* Glacier très connu ; c'est le rendez-vous des
joueurs à la rente ; *la petite Bourse*.

Petite-Provence * n'est jamais venu respirer le parfum qu'exhalent les orangers dans la portion du jardin que la mode a prise sous sa protection. Cette promenade a son *quartier St.-Antoine*, sa *Chaussée-d'Antin*, et surtout son *faubourg St.-Germain*. Le dimanche seulement, par suite d'une usurpation que le temps, d'accord cette fois avec la justice, a défl- nitivement consacrée, il n'y a presque plus de distinctions aristocratiques dans ce beau jardin; toutes les classes y sont confondues, ou plutôt une seule

---

* On appelle ainsi l'endroit du jardin où se réunissent les vieillards. Il y fait très chaud; de là le nom de *Petite-Provence.*

y domine; on n'aperçoit alors que des
nuances. Mais comme tout est à sa
place le lundi ! Les loueuses de chaises, qui traitent un peu cavalièrement
les masses dominicales, se sont hâtées
de reprendre les formes polies de la
semaine; une bonne partie des chaises
sont mises en non activité, et tapissent
le pied de la terrasse des Feuillans; les
Dames privilégiées qui donnent des
journaux en lecture ont retrouvé leur
importance, et le beau monde a re-
conquis sa place.

Pénétrez, de deux à trois heures de
l'après-midi, sous les arbres de l'allée
où l'on peut se faire voir sans courir
le risque de déroger; observez comme
on y est gourmé, roide et mal à son

aise ; comme on s'y observe tout en
observant. Prêtez l'oreille : toutes les dé-
nominations féodales sont employées ;
pas un nom qui ne soit précédé du
fameux *de*, pas une femme qui ne soit
titrée, pas une boutonnière veuve de
ses rubans : c'est le faubourg Saint-
Germain daignant prendre l'air.

L'allée qui sépare les deux bassins
est, comme l'orangerie, abandonnée
aux marmots et aux bonnes. L'autre
extrémité de la vie a pris poste à la
Petite-Provence, et Dieu sait la peine
que se donnent chaque jour les gar-
diens, lorsque, après la retraite bat-
tue, il s'agit de remettre sur pied de
vénérables patriarches toujours prêts
à prendre racine à la place où ils se

8..

trouvent, dont les jambes séditieuses
crient à l'oppression au moment de se
remettre en route, et qui n'évacuent
le jardin qu'en maudissant leur âge et
la consigne.

Les Champs-Élysées ont beaucoup
perdu de leur ancienne importance.
Nos gens à la mode sauraient-ils aujourd'hui que cette promenade existe,
s'ils ne la traversaient, à cheval ou en
voiture, pour se rendre *au Bois ?* *
Des restaurateurs, des cafés, qui restent pendant les trois quarts de l'année

---

* Le Bois de Boulogne ; il est toujours du
bon ton de s'y montrer à cheval. C'est le but
obligé et le terme de toutes les promenades en
voiture.

enfouis dans la boue ou sous la neige,
essayent de s'indemniser pendant les
deux ou trois mois de beau temps que
leur accorde l'inconstance du climat.
C'est aux Champs-Élysées, sur les
gazons flétris du carré de Marigny, que
les joueurs de boule et de balon s'es-
criment entre deux averses. Le dimanche et le jeudi, de nombreux détache-
mens des pensions de la capitale y
font de grandes parties de barres. A
l'extrémité ce cette promenade, tout
près de l'Allée des Veuves, est un jeu
de balle, au tamis, où se font quelquefois des paris considérables.

Traversons l'eau et entrons au Luxembourg : nous avons sous les yeux un
autre monde et d'autres usages ; aux

bonnes, aux enfans, aux rentiers,
qui forment le fonds obligé de toute
promenade, on voit ici se joindre les
étudians, qui viennent oublier *Pariset*
et *Delvincourt* en respirant l'air pur
de la grande allée. A leur démarche
aisée, à leur air franc et ouvert, on
voit que ces jeunes gens, espoir de la
patrie, sont là comme chez eux; leur
voisinage intéresse, amuse. Comparez
cette jeunesse, ses habitudes, ses plaisirs, à d'autres adolescens qu'on rencontre en foule sur la rive gauche de
la Seine. *

Voyez-vous sur cette chaise, au pied
d'un marronnier, une jeune femme

* Les Séminaristes.

enveloppée d'un long schall, cachée
à demi sous un chapeau de paille où
flotte un voile modeste et léger ? Ses
grands yeux bleus, ses petites manières, son regard, tantôt languissant,
tantôt animé, semblent toujours épier
une conquête. C'est une favorite de
Thalie, * *grande coquette*, par état
et par goût ; auprès d'elle est une pré-
tresse de Melpomène, dont le lorgnon
ne cesse d'être braqué sur un jeune
disciple de Cujas : ces dames sont en-
tourées d'un essaim turbulent et joyeux
d'enfans, gage certain d'un aimable
abandon.

* Le Théâtre de l'Odéon est voisin du
Luxembourg.

Hâtons-nous d'arriver au Jardin-des-Plantes pour assister au repas des animaux; car c'est un plaisir très recherché que celui qu'on se procure au moment où le tigre, l'ours et le lion déchirent à belles dents les morceaux de viande qu'on leur jette; et plus d'un bourgeois de ces contrées aspire en vain, depuis long-temps, à l'honneur de voir dîner l'éléphant et les singes.

Comme ce magnifique jardin est un lieu dont on recommande la visite aux étrangers, la physionomie des promeneurs ne saurait être une; ainsi varie-t-elle en raison des heures et des saisons. Le dimanche excepté, il est rare d'y voir la foule; encore y a-t-il des endroits, même ce jour-là, où un misanthrope peut aisément se procurer le plaisir de la solitude. Rien ne ressemble plus que le Jardin-des-Plantes à une promenade de province; on y est à mille lieues de Paris. Un peintre qui voudrait former une collection des modes qui ont signalé l'époque qui a précédé notre révolution, ne pourrait mieux faire que de visiter ce jardin; il serait sûr d'y retrouver des habits, des chapeaux, des perruques, et peut-être même des têtes qui datent de la Régence.

~~~~~~~~~~~~~~~~~~~~~~~~~~~~~~~~~

CHAPITRE XI.

LES GUINGUETTES.

Il y a des Parisiens, et même des Parisiennes, qui ne savent pas tout. Les gens du monde que le hasard, la naissance, et quelquefois leur propre mérite, ont placés sur le dernier échelon de l'échelle sociale, ignorent jusqu'au nom des lieux de plaisir dont je vais occuper le lecteur. Qu'est-ce qu'une guinguette ? Telle pourrait bien être leur première question. On donnait jadis ce nom à des voitures incommodes et pesantes qui transportaient nos pères dans les villes voisines. La portière était placée à la partie postérieure du char, absolument comme l'est celle de l'équipage d'osier que Thémis accorde gratuitement à ceux contre lesquels elle informe.

Une guinguette est aujourd'hui le rendez-vous de ces honnêtes bourgeois qui, dans la belle saison, vont tous les dimanches régulièrement, respirer l'air de la liberté hors des murs de la capitale, et se charger l'estomac de mets qu'il faut, vu la concurrence, emporter, pour ainsi dire, à la pointe de l'épée.

Tel artisan laborieux, tel commer-
çant aisé qui ne prend pas la moindre
part à tout ce qui se passe autour de
lui, et qui répète gravement, après
ceux qui ont intérêt à le faire croire,
qu'un citoyen ne doit pas se mêler des
affaires de l'état ; tel brave homme qui
sacrifie, sans réclamer, plusieurs nuits
par an à la tranquillité publique, * crie-
rait partout qu'on froisse sa liberté in-
dividuelle, s'il ne lui était pas permis
d'aller le dimanche, en famille, se

* Il s'agit ici du service de la garde nationale.
On vient, tout récemment, de le diminuer de
beaucoup : est-ce pour soulager les citoyens ?
Ne serait-ce pas plutôt que l'institution de la
garde nationale est *révolutionnaire* comme celle
du jury et quelques autres ?

disputer à la guinguette le rôti de veau
et la salade de romaine. De graves préventions s'élèvent contre les guinguettes en général : il y a d'obstinés pessi-
mistes qui ne renonceraient pas , pour
tout au monde, à l'idée qu'on y fabri-
que dans la semaine le vin qui s'y boit
le dimanche. D'autres lèvent les yeux
vers le ciel, en regardant les toits , dès
qu'on leur parle d'un civet de lapin...
Je n'examinerai pas à quel point ces
préventions sont fondées ; il faut d'ailleurs que tout le monde vive, et c'est
pour cela sans doute que les guinguettes sont instituées.

Un chef de guinguette qui entend
les affaires, sait dès le vendredi quel
temps il fera le surlendemain. Le choix

et le nombre des provisions se règlent
sur les variations du baromètre. Souvent les plus savantes combinaisons
sont dérangées par un orage qui vient
fondre à l'improviste sur les barrières.
Malheur alors, cent fois malheur au
consommateur citadin qui arrive avec
de l'appétit le dimanche suivant! il
faut, bon gré mal gré, qu'il avale,
qu'il digère même, et surtout qu'il
paye ce qui devait figurer sur les tables au précédent dimanche. En effet,
ce n'est la faute de personne; les mets
sont plus fortement épicés, les viandes
plus tendres et d'un plus haut goût. On
boit quelques bouteilles additionnelles,
et la compensation se trouve établie,
au moins dans le comptoir de l'hôte.

C'est un dimanche, par un beau jour d'été, de quatre à six heures du soir, qu'il faut voir l'intérieur d'une guinguette. La cuisine offre le point le plus curieux; de tous les cabinets particuliers, des bosquets du jardin, des *salons* de cinquante à cent couverts, des chambres de *société*, de partout enfin arrivent en foule des fondés de pouvoirs qui viennent là se disputer la fine éclanche, le quartier de bœuf, le rôti de veau, la salade de laitue ou de chicorée. Un étranger croirait que tout s'y donne pour rien, et que les gouvernans défrayent ce jour-là les contribuables qui mettent la nappe pour eux tout le reste de l'année. On n'entend qu'un murmure

9..

confus de récriminations : « Garçon,
mon chapon ? — Monsieur, le voilà.
— Chef, nos biftecks ? — Vous êtes
sur le gril. — Mon rôti ?.... — On va
vous mettre à la broche..... — Le
compte ?...... ma carte ?...... — Du
vinaigre au n°. 2.....; de l'eau au
n°. 20...., etc. »

Mais ce n'est rien encore; en vain
le chef, ses aides, ses marmitons, ont
prudemment placé une énorme table
de cuisine entre les provisions et les
consommateurs, chacun veut être servi le premier; tous veulent avoir le
meilleur morceau. Que font alors les
habitués ? Ils interpellent par son nom
celui d'entre les distributeurs qu'ils
ont l'honneur de connaître; on se

réclame de qui l'on peut ; on fait valoir tôutes sortes de titres pour obtenir la préférence : Mademoiselle, c'est moi qui étais au n°. 10 dimanche dernier. — Madame, j'ai été envoyé ici par votre cousin de la barrière des Martyrs.

Monsieur, je suis bâtard de votre Apothicaire....

Vers la brune, l'appétit est satisfait, tant bien que mal ; on a mangé bruyamment, en se racontant les prouesses de la cuisine, les larcins qu'on a faits aux autres, les peines qu'on s'est données ; tel gigot a coûté un pan d'habit ; telle volaille a été conquise à coups de poings. On rit, on boit, on crie, on chante, jusqu'au moment où l'on obtient, après des demandes réitérées, le compte de la dépense : c'est véritablement le quart-d'heure de Rabelais ; il est rare que la gaîté ne s'envole pas à l'aspect du garçon qui apporte la carte, ou plutôt la pancarte, qu'on doit acquitter sans réclamation, si l'on n'a eu la sage précaution de convenir des prix à l'avance. Il est toujours bon de s'entendre avec les gens qui ont intérêt à profiter de nos fautes. Demandez plutôt à certains hommes d'état.

~~~~~~

CHAPITRE XII.

LES CAFÉS-RESTAURANS.

LES établissemens de ce genre ont acquis, depuis quelque tems, un grand accroissement d'importance : il est tel, que les restaurateurs s'en sont montrés jaloux. A une époque assez reculée, on n'allait au Café que le matin, lorsqu'on ne voulait pas déjeuner solidement, ou le soir après le dîner. Un

consommateur qui ajoutait une flûte
et un pain de beurre à sa tasse de café
au lait, était un homme que les garçons distinguaient, et que la dame
du comptoir accueillait avec un sourire. L'Anglomane qui se faisait servir
un *thé complet*, pouvait hardiment
s'approcher de cette dernière ; il avait
droit à une œillade. Essayez aujour-
d'hui d'occuper à vous seul une table
qu'on a destinée aux déjeuners à la
fourchette, en vous contentant d'une
simple tasse de café au lait (car je
n'ose dire à la crême, tant je tiens à
me servir du mot propre); un garçon
viendra, d'un air dédaigneux, après
que vous l'aurez apostrophé dix fois,
vous offrir un bifteck ou des rognons,

et vous demander quel vin il faut vous
servir. Je conviendrai, de bonne grâce,
que les garçons ne sont nulle part au-
torisés légalement à commettre des
impertinences, mais il en est qui s'en
permettent : c'est la beauté qui siége
au comptoir qui doit guérir avec ses
yeux les blessures que font les garçons
à l'amour-propre des consommateurs.

Dès dix heures du matin, la ma-
jeure partie des tables de marbre d'un
café - restaurant se couvrent d'une
nappe et d'un service de table. A onze
heures, les déjeuners sont commen-
cés ; vers une heure après midi, tout
est à-peu-près terminé. Sur les trois
heures on sert l'absynthe apéritive ; à
cinq, on verse déjà quelques tasses de

café à l'eau ; le règne des rafraîchisse-
mens commence au moment où le
jour finit ; enfin, lorsque les spectacles
se ferment, quelques tables sont de
nouveau couvertes d'une nappe.

La société change autant de fois
qu'il se fait de services différens. A
neuf heures du matin, les employés
prennent la tasse de café au lait ou la
bavaroise au chocolat, qu'ils accompagnent d'un nombre de flûtes su-
bordonné à leur appétit. On a vu
tel expéditionnaire en dévorer jusqu'à six, en regardant d'un air de dédain le buffet où sont étalés les objets
de primeur, les viandes et la charcuterie.

On voit arriver à midi les jeunes

élégans qui, douze heures avant, sou-
paient au même lieu, bien moins par
appétit que pour reculer le moment
où l'on doit se livrer au sommeil.
Leur lorgnon passe alors, avec une
étonnante rapidité, du buffet au comptoir et du comptoir au buffet; on veut
savoir en même temps si le cœur de
la divinité du lieu est ouvert aux émotions douces, et si les filets de bœuf
sont tendres. Les plus entreprenans,
après avoir pris position auprès de la
dame, risquent un geste un peu vif,
un mot tant soit peu hasardé, qui
passe à la faveur de l'appétit qu'on leur
suppose. Il n'y a pas moyen de faire
la cruelle avec un consommateur qui
parle de dépenser cinquante francs

pour un déjeuner, les rigueurs sont
pour les gens qui ne consomment point.

La politesse se règle assez commu-
nément sur l'importance de la carte
à payer : celui qui arrose sa côtelette
d'une modeste demi-bouteille de vin
qu'il mesure de l'œil, n'a pas droit
aux égards que peut réclamer, le code
à la main, le brillant habitué qui demande, à la moitié de son repas, de
la tisane de Champagne, et termine
par le Madère ou le Malvoisie.

Je connais des habitués qui évalue-
raient, à un franc près, tel regard aimable, telle attention bienveillante de
la maîtresse de la maison. Il faut bien
qu'il en soit ainsi lorsqu'elle est jeune
et jolie ; les gens qui dépensent beau-

coup veulent en avoir pour leur argent.

Plaignez de tout votre cœur les oisifs de bonne foi, les piliers de café,
les provinciaux qui viennent s'instal-
ler, pour un verre d'eau-de-vie, à
une table qui pourrait être plus utile-
ment occupée; en vain ils deman-
dent du ton le plus suppliant *le Cons-
titutionnel* et *le Courrier français*, *le
Mercure* ou *le Diable boiteux*; on
leur apporte *la Gazette de France* et
le Journal de Paris, et quelquefois
même un garçon impatienté les me-
nace du *Moniteur*.

Ce n'est qu'après les déjeuners que
cette classe d'hommes, qui pullule
dans les cafés, peut espérer quelque

repos. Alors tout leur appartient dans les salons ; ils peuvent user de tout : j'entends de tout ce qui se prend *gratis.*

CHAPITRE XIII.

LES COULISSES D'UN THÉÂTRE.

A moi, Lesage ! accours à mon aide,
et donne-moi le fil qui doit me guider
dans le labyrinthe inextricable où je
m'engage aujourd'hui ! Le rideau cache
au public des scènes bien autrement
plaisantes que celles qu'on lui montre
pour son argent ; une esquisse de quelques-unes de ces *bambochades* pour-

10..

rait offrir des détails assez gais, assez piquans : essayons - la ; mais laissons dans l'obscurité tout ce qui ne peut ou ne doit pas être mis au grand jour.

Si le diable est quelque part en permanence., à coup sûr c'est dans les coulisses ; c'est là qu'il règne en despote avec un autre démon qu'on appelle ailleurs l'*amour*. Les attributs de ce dernier n'y sont pas les mêmes que dans la société ; on le représente là avec des ailes aux pieds, comme Mercure, et causant avec cet autre dieu qu'on appelle *Plutus ;* les nymphes de la cour de Terpsichore, comme celles qui sacrifient à Thalie, ne conçoivent pas l'un sans l'autre.

Le diable n'a nulle part autant de

besogne que sur les planches; la vie
entière des comédiens lui appartient
de droit; tous ces gens-là se sont don-
nés à lui; aussi préside-t-il à toutes
leurs actions, et même à leurs paroles;
rarement ce qui se dit dans les coulisses est autre chose qu'une diablerie.

Prenons le moment où l'on vient de
baisser la toile, examinons les masques. Des groupes sont formés; les acteurs de la pièce qu'on vient d'achever, empressés de se débarrasser du
costume qu'ils avaient pris, remontent
dans leurs loges; les plus diligens de
ceux qui vont paraître attendent que
leur tour soit venu; quelques uns (en
petit nombre) ont l'air d'étudier; en
général, ce soin est de mauvais ton, et

sent la province d'une lieue : on doit
tout savoir sans rien apprendre; et
d'ailleurs il suffit qu'on ait joué une
fois un rôle, n'importe comment,
pour qu'on se croye dispensé de toute
nouvelle étude.

Ici on fait cercle autour de l'actrice
ou de la danseuse à la mode; on quête
un regard, on mendie une parole;
heureux le mortel qu'on sort un instant
de la foule en lui adressant un mot
qui ne signifie rien; plus heureux celui
qu'on charge de tenir la pelisse au
moment d'entrer en scène, ou sur
lequel on s'appuie une minute pour
faire un *battement*, ou rattacher le
cordon d'une chaussure en désordre !

Là, on entend d'un côté fredonner

une ariette, et de l'autre déclamer les fragmens d'une tirade. Pendant que les garçons de théâtre, chargés de faire le changement de décorations, crient et s'appellent dans les *frises* ou dans les *dessous;* que le régisseur prévient qu'on ne tardera pas à commencer, le directeur se promène gravement, distribuant à la ronde un coup-d'œil protecteur, ou tâchant d'échapper à tel auteur qui demande qu'on *remonte* sa pièce; à tel autre, qui prie qu'on mette enfin la sienne à l'étude; à un troisième, qui veut connaître le répertoire de la semaine afin de savoir si *on le joue.*

Un bourdonnement de fadeurs, de mots fins ou piquans, de saillies, de

reproches, d'aveux et de niaiseries, se
fait entendre incessamment; il s'y mêle
jusqu'à des promesses de fidélité... On
se marchande, on se prend, on se
quitte, on se querelle, on se raccommo-
de, on se lutine, on se fâche. Cependant le service se fait : les pompiers
de garde ont l'œil sur les quinquets,
les *comparses* arrivent et se pro-
mènent gravement dans le costume
banal qu'on leur a fait endosser; les
musiciens, à qui l'on n'a pas dit encore : « A l'orchestre! Messieurs, » font
la cour aux dames des chœurs; le
maître des ballets répète une entrée
avec des danseuses, et l'auteur de la
pièce indique à tel acteur, dont l'in-
telligence est paresseuse, un moyen

de *faire de l'effet* avec tel geste ou
tel mot. Le médecin du théâtre est en
conversation réglée avec une ingénue
qui lui parle à l'oreille; le capitaine
des pompiers cause, pour passer le
temps, avec une duègne dont le feu
est depuis long-temps éteint; le cos-
tumier écoute un jeune premier qui
se plaint qu'on ne dissimule pas assez
adroitement les défauts de sa taille;
enfin la première actrice, escortée de
deux habilleuses, descend de sa loge,
belle des attraits de l'administration,
et prélude à ses triomphes. C'est toujours elle qui se fait attendre... On est
en retard; le public s'impatiente et
siffle : on demande « si tout le monde
est là; » le régisseur arrache les mu-

siciens aux délices de la scène et les
renvoye de l'autre côté de *la rampe;*
il crie : « Place au théâtre !·» et frappe
trois coups de son bâton. On joue
l'ouverture : la foule des importuns,
qui se compose habituellement des
actionnaires, des auteurs, des peintres,
des machinistes , de quelques écrivains, des *maris* de ces dames et des
comédiens qui ne jouent pas, reflue
dans les coulisses; les acteurs se pré-
parent à soigner leur entrée; on lève
le rideau, tout le monde se tait, le
souffleur est à son trou, la pièce
commence.

CHAPITRE XIV.

LES MARCHANDS DE CONTREMARQUES.

La capitale nourrit des milliers d'individus dont l'existence est un problème ; ce n'est que dans les bureaux de la police qu'on en pourrait trouver la solution. Sans parler de ces myriades de fainéans, de gens sans aveu, qui se lèvent avec le jour sans savoir quels moyens ils emploieront pour se procurer le strict nécessaire, il se trouve à Paris un grand nombre d'hommes qui exercent des industries que j'appellerai *relatives;* ce sont des professions pour ainsi dire accidentelles, à la suite des professions reconnues, avouées. Après les moissonneurs arrivent les pauvres gens qui glanent; les hommes dont je veux parler sont les glaneurs du vaste champ de l'industrie.

Les marchands de contremarques doivent être rangés dans cette dernière catégorie; il n'y a guère que Paris, Lyon et peut-être Bordeaux, qui en possèdent; partout ailleurs ils sont inconnus.

C'est à la porte des théâtres, grands

et petits, qu'ils s'établissent d'une manière ostensible et vers la moitié de
la soirée ; jusque-là leur existence est
occulte ; ils se cachent avec soin à tous
les yeux. La plupart font précéder leurs
occupations du soir d'autres occupations à-peu-près du même genre ; ils
retiennent des places *à la queue*, les
jours de grande représentation, pour
les céder ensuite à l'amateur en retard ; ou prennent au bureau des billets qu'ils revendent à haut prix. Il
en est, et c'est peut-être le plus grand,
nombre, qui, la brosse à la main pendant toute la journée, ont opéré sur le
Pont-Neuf ou ailleurs.

Les marchands de contremarques
qui exploitent les théâtres royaux, ont

une sorte d'existence civile ; ils sont
comme enrégimentés, et portent un
uniforme et une plaque sur la poi-
trine ; ceux - là sont les privilégiés ;
(où le privilége ne se fourre-t-il pas !)
les autres sont les *parias* des temples
élevés aux muses dramatiques. Tous se
placent aux issues, qu'ils encombrent
au moment où finit la première pièce,
et, la main tendue, ils répètent sans
cesse et comme en chœur : « Votre contremarque, Monsieur, s'il vous plaît ? »
Les plus humbles, c'est-à-dire les plus
adroits, ceux qui possèdent une con-
naissance plus approfondie du cœur hu-
main, ne se bornent pas à cette phrase
bannale, ils disent : « Votre contremarque, NOT'MAÎTRE ? » Ces derniers mots sont

d'un plus puissant effet; ils décident
le mouvement d'abandon de la précieuse contremarque ; elle tombe dans
leur chapeau au son de cette phrase si
douce à l'oreille : NOT'MAÎTRE !

Un marchand de contremarques a
tout à gagner et rien à perdre ; il ne
risque guère que son temps ; je ne
connais pas de commerce plus avan-
tageux. Et que l'on n'aille pas s'imaginer que le premier venu puisse
l'exercer ; une fois une contremarque
acquise, il faut savoir en tirer le meilleur parti possible, et, pour cela, celui qui la vend doit connaître le répertoire en entier ; la valeur de la contremarque est subordonnée au mérite
de là pièce qu'on joue, à la réputa-

11..

tion des acteurs qui la représentent ;
cette valeur ne diminue-t-elle pas d'ail-
eurs à mesure que la soirée avance,
et n'est-il pas indispensable de piquer
la curiosité de l'acheteur par tous les
moyens imaginables ?

Or, cette érudition ne saurait s'ac-
quérir à la porte, il faut bien pénétrer
quelquefois dans le temple, et c'est ce
qu'on fait ; les attributions changent
alors, on devient *claqueur*. Avance-
t-on ou recule-t-on ; est-ce monter en
grade ou descendre ; quel est le plus
ignoble ? C'est ce que je ne saurais dé-
cider ; ce qu'il y a de certain, c'est que
ces deux professions se donnent la
main et se prêtent généreusement un
mutuel appui ; le cumul est même to-

léré, c'est le propre de tous les mono-
poles.

Il y a des théâtres où le nombre des
marchands de contremarques est si
considérable, qu'il est presque impossible, à une certaine heure, de passer
tranquillement dans la rue où ils sont
situés ; il faut fendre la presse et se
faire jour à travers ces messieurs. *

A la fin du spectacle, on voit les
marchands de contremarques subir
une nouvelle et dernière métamor-
phose ; ils font l'office de commission-
naires, au préjudice des hommes honnêtes qui ne sont que cela ; ils vous
proposent d'appeler « votre voiture et

* Le théâtre de l'Opéra-Comique est de ce
nombre.

vos gens; » vous procurent un fiacre en payant, et se font encore payer le service qu'ils vous rendent, malgré vous, d'ouvrir la portière et de baisser le marche-pied de l'incommode phaéton dans lequel ils vous emballent.

‸‸

CHAPITRE XV.

LE QUARTIER DU PALAIS-ROYAL.

Si Paris est, comme on l'a souvent
répété, la capitale de l'univers, le quartier du Palais-Royal en est l'abrégé.
Long-temps il a été le quartier par
excellence; il était du meilleur ton
d'y demeurer, avant que la Chaussée-
d'Antin n'attirât à elle tous les heureux
du jour. C'est encore le centre des af-

faires, le rendez-vous des étrangers,
et surtout celui des provinciaux; mais
le temps de sa grande vogue est passé.
D'autres quartiers se sont embellis, et
disputent aux environs du Palais-Royal
l'honneur de fixer l'attention du voya-
geur. Hélas! le Palais-Royal lui-même
est-il actuellement ce qu'il était autre-
fois? Si son jardin est encore fréquenté
pendant la belle saison, ses portiques
sont déserts, et ses beaux magasins
attirent bien moins d'acheteurs que de
curieux.

Notre siècle, ou, si l'on veut, l'époque actuelle étant l'époque des dîners
et de la bonne chère, on visite encore
les salons des *Frères Provençaux*,
ceux du restaurateur *Prévost*, le local

trop étroit du successeur de *Véfour*,
et même le bel établissement tenu par
les neveux du fameux *Véry*; le *Café
de Foy* n'a rien perdu de son ancienne
splendeur ; on se repose avec plaisir *à
la Rotonde*, auprès de laquelle viennent de s'établir des bains fort élégans ;
on prendra toujours de bon café chez
Sabatino, et l'on se disputera long-
temps encore un coin de table chez
Lemblin. Mais l'éclat dont brillaient
les marchands de nouveautés est éclip-
sé par ceux des quartiers circonvoisins;
mais les bijoutiers, les tailleurs, les
marchandes de modes de la rue Vivienne, ont obtenu une préférence
marquée et qui se soutient. Jadis on
achetait au Palais-Royal ; de nos jours

on s'y promène, et souvent même on
ne fait que le traverser avec indifférence : *sic transit !*....

Chaque peuple à son tour a brillé sur la terre.

Aucun quartier de la capitale ne
saurait cependant soutenir la comparaison avec celui du Palais - Royal.
Dans un rayon de peu d'étendue on
trouve deux promenades, dont une
magnifique, les *Tuileries ;* les plus
beaux boulevards sont voisins ; cinq
théâtres, le *Théâtre-Français*, l'*Académie Royale de Musique*, l'*Opéra-
Comique*, l'*Opéra-Italien* et le petit
Vaudeville, se partagent chaque soir
les amateurs avec les *Variétés*, qui
sont à la proximité de tout. La *Bourse*,

la *Bibliothèque*, la *Banque*, la *Trésorerie* et les *Postes*, s'y trouvent réunies. Les plus importantes messageries ont leurs bureaux dans ce quartier, et les trois cinquièmes des maisons, au moins, ont été, dans certaines rues, converties en hôtels garnis.

Tout ce qu'ont inventé les arts et la civilisation, toutes les commodités du luxe, toutes les recherches du goût et de la mode, on peut se les procurer sans sortir de ce rayon : ailleurs, tout est imitation; là, tout est modèle. Chose inouie! l'éclairage par le gaz a eu quelque peine à s'y naturaliser. Le faubourg Saint-Germain, que le siècle traîne, dit-on, à sa suite, avait adopté ce mode avant qu'on y songeât au

Palais-Royal ! Et, qui le croirait ? c'est
un limonadier de la place de Grève
qui, le premier, a renoncé à l'huile
de ses pères ! Honneur à ce vétéran
du gaz, à ce patriarche de l'innova-
tion lumineuse !

Les trois rues les plus remarquables
de ce beau quartier sont, sans contredit, les rues Vivienne, de Richelieu
et Saint-Honoré : la première est à
l'apogée de sa gloire ; elle est sans ri-
vales, non seulement à Paris, mais
peut-être sur le globe. De nombreux
équipages l'encombrent sans cesse, et
la foule, non la foule des curieux,
mais celle des acheteurs opulens, assiége ses brillans magasins. A une certaine heure du jour, le piéton se fraye

difficilement un passage à travers les voitures et les chevaux. Des beautés de tous les pays, mais surtout des Anglaises, y viennent humblement consulter les oracles du goût et se *désalbioniser*. C'est là que se tient le congrès permanent où l'on décide comment seront coiffées, pendant un certain temps, toutes les têtes féminines des différentes cours de l'Europe ; et tel ministre, bien fier de son pouvoir, qui dicte la loi à tout un peuple, la reçoit en ce lieu de son tailleur ou de son chapelier.

La rue de Richelieu a perdu de son éclat ; c'est une beauté déchue, à laquelle cependant on trouve encore des charmes : long-temps elle a possédé

deux théâtres principaux ; mais il ne
reste plus que la place de l'un, et, chez
l'autre, ce n'est pas tous les jours fête.

On fait encore de belles affaires dans
la rue St.-Honoré, mais le temps de
la vogue est aussi passé. La rue Neuve-
des-Petits-Champs, la place des Victoires, la rue Montesquieu, méritent
une mention. C'est une profusion de
richesses de tout genre : en aucun lieu
on ne peut voir autant ni de plus
belles boutiques. Mais que dire du
nombre incroyable des restaurateurs,
des lieux de plaisir, et surtout des cafés ! Quelque prodigieux que soit celui
des consommateurs, il est difficile d'ad-
mettre que les propriétaires de ces établissemens puissent tous faire fortune ;

il faudrait supposer que la population parisienne, arrivée à ce point de félicité où touchent les bienheureux, n'a plus à songer qu'à se nourrir, se parer et se divertir.

~~~~~~

CHAPITRE XVI.

___

LE CAFÉ TURC. *

La décoration extérieure et surtout intérieure d'un café n'est plus, comme jadis, confiée au hasard ou à la routine d'un artiste vulgaire ; tout le monde calcule aujourd'hui, même les hommes de talent, et l'on sent plus

* Il est situé sur le Boulevard du Temple.

que jamais « qu'il n'est pas de sot métier. » Un simple limonadier, qui fait honneur à ses engagemens, trouvera de nos jours plus de gens d'un vrai mérite empressés à le servir, qu'un grand seigneur qui fait des dettes et se donne des airs de protection : le positif est à la mode.

A coup sûr ce n'est pas un peintre ordinaire qui a dessiné les ornemens du brillant *Café Turc ;* quel qu'il soit, il est certain qu'il ne s'est traîné sur les traces de personne. On n'a vu nulle part encore rien qui approche de la beauté du comptoir, de celle de certains ornemens, du poêle et du délicieux candelabre qui le surmonte. Sous le rapport du goût, rien n'est

moins *turc* que l'ensemble de ce café ;
on peut hardiment défier les oppres-
seurs de la Grèce de rien produire
d'aussi séduisant. Je ne sais si les connaisseurs seront de mon avis , mais il
me semble que toutes les parties du
Café Turc sont on ne peut plus heureusement harmonisées entr'elles.

Il faudrait, pour ce bel endroit , un
public fait exprès ; celui qui le fré-
quente, jusqu'à présent, n'a rien de
séduisant : il sent son Marais d'une
lieue ; je n'en voudrais pour preuve
que les bouches béantes des consommateurs ; tout le temps que leur laissent
la demi-tasse et le petit verre est donné
à une admiration dont les signes ont
quelque chose qui participe un peu de

ce qu'on pourrait appeler la stupidité.

A la suite du salon principal est une arrière-salle où l'on a, sans pitié, relégué les politiques et les joueurs de dominos; une glace sans tain, placée derrière la dame du comptoir, les sépare du public qui consomme et s'en va; car rien n'est stationnaire comme un amateur du double blanc.

En hiver, la crainte des frimas force les habitués des billards, qui datent presque tous du beau temps de Nicolet et d'Audinot, à traverser la nouvelle salle; on s'aperçoit aisément que cela les gêne et qu'ils ne se trouvent pas à leur place : leur allure, le costume dont ils sont revêtus n'a rien de l'époque actuelle; un observateur pourrait prendre note en ce lieu de toutes les formes de chapeaux qui ont successivement été de mode depuis 1789 jusqu'à nos jours. Par un hasard assez singulier, le chapeau à *la Robinson*, qui, comme chacun sait, a la forme d'un pain de sucre tronqué à son extrémité supérieure, domine essentiellement ; les habits ont, en général, une ampleur à laquelle se gardent bien d'atteindre nos tailleurs à la mode ; et l'aile de pigeon, que la révolution a déplacée, partage, avec la perruque de chiendent, l'honneur d'orner agréablement le chef de ces monumens animés, vraies pyramides du Marais.

Le nouveau café atteste ce qui est ; l'arrière-salle constate ce qui fut. A la suite de ce Muséum d'antiquités vi-

vantes sont les deux billards, où se
réunissent, à certaines époques, des
joueurs d'une force éprouvée et célèbre; la galerie, partie obligée du
personnel de ces endroits, se compose de spectateurs désintéressés qui
sont là, à poste fixe, depuis le lever
du soleil jusqu'au coucher des garçons,
et que le temps a, pour ainsi dire,
agglomérés avec les banquettes; ap-
puyés sur leur canne, juges inamovibles, ils prononcent sur les coups;
et si quelquefois un joueur exigeant
ne les dérangeait, on pourrait croire
qu'il sont cloués à la muraille ou placés en ce lieu comme les momies qui
décorent l'intérieur des tombeaux des
anciens rois d'Egypte.

~~~~~~

CHAPITRE XVII.

———

LES PARTIES DE CAMPAGNE.

IL n'est pas permis à tout le monde
d'aller à Corinthe, et cependant tout
le monde à Paris éprouve, au moins
une fois par semaine, le vif désir de
se soustraire au tracas des affaires, à
ce travail quotidien qu'il faut reprendre le lundi, après qu'on s'est amusé
le dimanche, quel que soit d'ailleurs

le rang qu'on occupe dans la société.
Je ne parle pas des gens qui n'ont absolument rien à faire : il n'y a pas pour
ceux-là de plaisir.

Il est naturel d'aimer à voir la ville
quand on est forcé de demeurer à la
campagne, et plus naturel encore de
soupirer pour les champs lorsqu'on
est condamné à rester dans les murs
d'une grande cité. C'est presque une
fureur chez les Parisiens : on ne respire pas comme on veut, mais bien
comme on peut, dans la superbe capitale du monde civilisé. Si l'air ne
s'y vend pas, au moins en apparence,
il ne s'en faut que de très peu ; qui sait
si l'impôt sur les fenêtres n'est pas susceptible d'améliorations ?

Long-temps Saint-Cloud a joui du
privilége d'attirer tout Paris à ses fêtes
annuelles. Que de poussière et de mauvais vin les bons Parisiens avalaient ces
jours privilégiés! ils commencent à
s'en lasser comme ils le pourraient
faire d'un usage raisonnable. On se
jette maintenant dans les bals champêtres des villages circonvoisins, quels
qu'ils soient, pourvu qu'il s'y trouve
un maire ami de la vertu, qui daigne
se donner la peine de faire annoncer
par affiches le couronnement d'une
Rosière. Au bruit qui se répand, avec
une incroyable facilité, de la prochaine célébration d'une fête de ce
genre, on voit arriver à-la-fois dans
l'endroit les marchands forains, les

jeux clandestins (qui sont scrupuleuse-
ment défendus, attendu que personne,
jusqu'à présent, n'a conçu l'idée de les
affermer), et enfin ces excellens Parisiens, qui font un spectacle de tout,
comme si celui d'une fille sage était
une rareté pour eux.

Montmorency, et particulièrement
les eaux d'Enghien, sont arrivés pro-
gressivement, depuis plusieurs années, au plus haut point de faveur;
aussi n'a-t-on presque pas d'idée de la
considération dont jouissent les ânes
dans ce lieu vraiment privilégié. D'accessoires qu'ils étaient naguère encore, ils sont devenus principaux;
oui, les habitans de Montmorency ne
sont, par le fait, que les très humbles

serviteurs de leurs élèves ; à la vérité, cette servitude les enrichit ; de-là le grand nombre de gens qui se mettent à la solde de ces animaux. On s'occupe maintenant des races d'ânes à Montmorency, comme ailleurs de celles des chevaux; elles se perpétuent, s'améliorent, s'accroissent d'une manière bien rassurante pour les économistes qui pourraient craindre que les ânes 'ne vinssent à manquer en France.

Une *société* ne se rend jamais à Montmorency sans y louer des montures pour aller visiter l'*Ermitage;* *
et ce pélerinage à la mode a cela d'u-

* Maison de campagne que J.-J. Rousseau a long-temps habitée.

tile, qu'il apprend à un grand nombre
de curieux qui ne s'en doutaient pas ,
qu'un philosophe , dont le nom était
précisément celui de la rue où est si-
tuée la grande Poste aux Lettres , a
naguère habité la vallée. *

Pour en revenir aux ânes, tous les
explorateurs de l'Ermitage veulent en
avoir; c'est de règle. Aussi, n'importe
le prix ; qu'il soit laissé à l'arbitraire
d'un propriétaire avide, ou réglé par
l'autorité locale , on se les arrache , et
l'on défile agréablement avec eux dans
les sinuosités du bois; on ne saurait,
sans une espèce de honte, s'exposer à

---

* La rue où est situé l'Hôtel des Postes, porte
le nom de J.-J. Rousseau.

13..

s'y faire voir à pied : autant de promeneurs......

Remarquons qu'il est instant de ne
se pas embarquer pour ces beaux lieux,
comme on dit, sans biscuit; tout s'y
vend au poids de l'or, tout s'y loue à
un taux excessif. Un orage qui fond un
dimanche sur cette vallée de délices fait
tout-à-coup hausser incroyablement le
prix des loyers pour la journée; car il
est bon de faire observer qu'on vous
loue alors une chambre *à l'heure* pour
la modeste somme de cinq et quelquefois de dix francs. Les habitans de
Montmorency exercent l'hospitalité,
mais au lieu de la donner ils la vendent, ce qui est incontestablement
bien plus dans les idées du jour.

Les moyens de transport sont nombreux et à un prix honnête; l'époque où l'ignoble *coucou* * n'osera plus se montrer sur cette route ne saurait être fort éloignée; au train dont vont les choses, nous aurons promptement égalé le luxe que déployent les Anglais dans leurs moindres voitures publiques.

Le retour de Montmorency, un jour de fête, est fort remarquable; on voit sur la route presque autant d'équipages qu'à Longchamps; mais tous

* C'est ainsi qu'on a long-temps désigné les petites voitures qui transportent les Parisiens dans les environs de Paris. Sur la route de Versailles, ces voitures avaient jadis le nom ignoble de *Pot-de-Chambre*.

sont lancés au grand trot, et tous se
disputent à grands coups de fouet

Des vains honneurs du pas le frivole avantage.

S'il y a vingt tilbury ou boguey ren-
versés par saison, c'est tout au plus ;
d'ailleurs l'essentiel est de rire, de
s'amuser, et l'on s'inquiète peu des
accidens : cela regarde *le Journal de
Paris.* *

* Cette feuille tient ses lecteurs au courant
des moindres événemens , ainsi que des variations de l'atmosphère ; elle annonce tous les
changemens , même ceux de la moindre importance. Elle ne se tait que sur les siens propres :
le lecteur attentif supplée à cette inadvertance
et devine aisément *le pourquoi.*

CHAPITRE XVIII.

LES PILIERS DE CAFÉ.

On donne ce nom aux gens qui fréquentent assidûment certains cafés sans jamais se permettre la moindre consommation, et qui, tout au plus, se régalent de la demi-tasse les dimanches et les jours de fêtes carillonnées. Les gens qui, au contraire, consomment presque sans cesse, en sont les

colonnes ; ces derniers sont bien reçus
par les garçons ; on prévient leurs dé-
sirs ; la dame du comptoir sourit à
leur entrée, et son regard bienveillant
les accompagne jusqu'à la porte. Les
piliers de café, véritables plaies de
la civilisation, ont toujours un journal
sous les yeux, et quelquefois même plusieurs ; on en voit qui poussent la précaution jusqu'à en tenir un sous le
bras gauche pendant que le bras droit
prête son ministère au lecteur. Rien
ne rebute ces courageux parasites, rien,
pas même les raisonnemens ou les dé-
raisonnemens de la nébuleuse *Étoile*;
on en rencontre qui se vantent d'a-
voir lu, jour par jour, les huit colonnes
du *Moniteur*, depuis la tenue des der-

niers États-généraux jusqu'à la convo-
cation des Colléges de 1824.

Malheur au consommateur impa-
tient qui aspire à la lecture d'un journal tombé entre les serres de ces im-
passibles et cruels oiseaux de proie; il
doit s'armer d'une patience à toute
épreuve; presque tous ont la vue basse
et se servent de lunettes; presque tous
ont négligé d'apprendre couramment
à épeler; en sorte qu'on a la douleur
de les voir pendant une heure les yeux
fixés sur le même paragraphe; trop
heureux le concurrent quand ils ne
s'endorment pas. Et qu'on ne s'ima-
gine pas qu'il soit facile de leur enlever
leur pâture; au moindre bruit qu'on
fait pour se rapprocher d'eux, ils s'é-

veillent et reprennent la lecture en
sens inverse, c'est-à-dire en remon-
tant vers le titre pour s'assurer qu'ils
n'ont rien passé.

Les garçons d'un des cafés les plus
fréquentés de la capitale, se sont avisés,
il y a peu de temps, d'un stratagème
assez singulier : toutes les feuilles du
jour avaient été mises à part, et chaque fois qu'un *intrépide* (c'est le nom
que reçoivent là les gens que nous si-
gnalons), chaque fois qu'un intrépide
élevait la voix pour demander un journal, on lui mettait entre les mains un
numéro dont la date remontait à une
quinzaine d'années; pendant ce temps,
les consommateurs avaient la facilité
de satisfaire leur curiosité empressée,

et tout le monde était content. On
peut facilement se faire une idée de
l'étonnement de ceux des intrépides
qui parvenaient à déchiffrer quelques
lignes ; ils se frottaient les yeux, net-
toyaient les verres de leurs lunettes, et
laissaient échapper les exclamations
les plus amusantes. Qu'on se figure
leur surprise : ils voyaient tels écrivains bien connus professer des doc-
trines qu'ils ont depuis long - temps
abandonnées ; un de ces honnêtes lecteurs ne pouvant pas y tenir, s'écria
tout haut : « Parbleu ! je le savais
bien, Napoléon n'est pas mort : lisez
plutôt ! »

~~~~~~~~~~~~~~~~~~~~~~~~~~~~~~~~~~~~~~~

CHAPITRE XIX.

LE PASSAGE DES PANORAMAS.

De tous les passages qu'ont ouverts des spéculateurs adroits, il n'en est pas de plus fréquenté maintenant que le *Passage des Panoramas*. Une heureuse exposition et la mode ont commencé la vogue dont il jouit ; le temps a fait le reste. Aujourd'hui, ce joli passage est placé sous la protection du dieu qui préside au commerce.

Amusons-nous à le visiter : entrons

dans ce brillant bazar par le boulevard Montmartre, et commençons par
le côté gauche. A l'angle du boulevard est le *café Véron*, dont tous les
ornemens (particularité qu'il est bon
d'observer) sont avoués par le goût.
Les consommateurs sortent toujours
satisfaits de ce beau café. Avant et
après l'heure de la bourse, un grand
nombre de courtiers - marrons, de
haussiers et de baissiers garnissent les
tables du café Véron ; ces messieurs
déjeunent solidement ; il est rare que
l'espérance n'ajoute pas un mets ou
deux à leur carte.

Immédiatement après, est le magasin de bonbons de la *duchesse de
Courlande*, où sont étalées des frian-

dises de toute espèce ; à toutes les époques de l'année, et particulièrement
pendant les grands froids, les plus
beaux fruits charment la vue : on remarque avec surprise, sous la même
cloche de verre, des groseilles et des
pêches, des cerises et des raisins ; véritable Prothée, le sucre y affecte
toutes les formes et s'embellit des
couleurs les plus vives. On entre là
pour faire emplette de quelques *dou-
ceurs ;* les marchandes sont attrayan-
tes, et l'on se surprend à leur en dire ;
chez tous les confiseurs, les dames de
comptoir font assez volontiers cet
échange lucratif. Plus loin l'acier
brille de toutes parts ; l'or en est jaloux : les agréables riens, qui ne sont

que de ce précieux métal, paraissent
pâles et ternes ; que de futilités, de
charmantes bagatelles ! Les dames
s'arrêtent là de préférence.

Passons devant le bottier et le gantier, arrêtons-nous chez Susse, le pa-
petier avoué par la mode. Le moyen de
faire un choix, s'il n'est arrêté d'a-
vance ! Voulez-vous des écrans méca-
niques, de jolis souvenirs, des coffres,
des écritoires, des pupitres à secrets,
des boîtes pour les cartes de visite ?
Choisissez, Mesdames, et si, par impossible, vos maris vous accompagnent, tâchez qu'ils ne jettent pas les
yeux sur ces grands porte-feuilles rou-
ges, verts et noirs ; il n'en faut pas davantage pour leur faire tourner la tête.

14..

Réclamez cet honneur, Mesdames, il
vous appartient.

Donnons un coup - d'œil aux chapeaux de paille de madame Lapostole
et aux jolies personnes qui les vendent. La boutique de M. Basin, orfèvre, n'ayant rien de remarquable, al-
lons vite à la Mère de Famille, chez
madame Mimeur, puis chez le gantier,
puis au magasin du Mameluck, puis
enfin à la Chaumière allemande, où
l'on vend à-la-fois des modes et de la
parfumerie. Nous touchons au passage
obscur qui conduit au Théâtre des Variétés ; laissons la modeste boutique
de l'imperceptible marchand de lorgnettes, placée au coin , et contem-
plons le beau magasin de thés, tenu

par Marquis, où le chocolat subit tant de métamorphoses ; puis respirons l'odeur des truffes, doux parfum ministériel qui s'exhale de l'intéressante boutique de ce marchand de comestibles, le *Chevet* des Panoramas.

Après Marquis viennent un tailleur, une lingère, puis un marchand de papiers peints. Admirons ses belles tentures et ses devants de cheminées représentant des sujets d'histoire ou des faits d'armes de nos guerriers. *

Donnons un regard au dépôt des cafetières Morize, de ce meuble ingé-

* Depuis la paix et la découverte de la lithographie, on ne rêve à Paris que victoires et lauriers. On se console avec des fictions de la perte de la réalité.

nieux où l'on peut préparer le délicieux
moka sans qu'il perde de son divin
arome.

Laissons l'Estaminet aux fumeurs,
mais faisons une station chez Frère,
éditeur et marchand de musique ;
voulez-vous des amans, des amours,
des beaux jours, des troubadours ? ils
sont ici en abondance.

Nous touchons à l'endroit du passage où est placé le petit théâtre de
M. Comte. Quels sont ces marmots
qui jouent d'une manière si bruyante?
Paix! ce sont les artistes : *le père no-
ble* est celui qui mord dans un gâ-
teau ; cette petite fille est *la grande
coquette*, et *le financier* lui présente
une pomme.

Voici le marchand de tabac, puis *le changeur*. Voyez comme les passans jettent à l'improviste des regards de convoitise sur ces petites sébiles pleines de pièces d'or. Passons outre, afin de ne pas subir le supplice de Tantale. La véritable richesse est à côté, chez le libraire Nepveu.

Le passage se termine de ce côté par un bottier, un coiffeur et un tailleur. On peut sortir brillant de chez ces messieurs, pourvu toutefois qu'on ne soit pas sans argent.

Nous avons visité avec détail toute la partie gauche du plus pittoresque des passages de la capitale; revenons maintenant sur nos pas pour examiner le côté droit, qui a bien aussi son mérite.

Accordons un coup-d'œil à la première boutique, celle de M. Fabry, orfèvre ; ce magasin qui, naguère encore, était en retard d'un demi-siècle,
est aujourd'hui un des plus élégans du
passage. Disons-le avec douleur, le côté
droit est ici (comme en certain autre
lieu) singulièrement en arrière ; l'autre
côté l'emporte de beaucoup pour l'empressement qu'il a mis à propager
le nouveau mode d'éclairage. Aussi
brille-t-il le soir de l'éclat le plus vif,
tandis qu'un grand nombre de boutiques du côté rival ne sont éclairées que
par l'huile de nos pères. Mais que vois-
je ? Fermons vite les yeux, une boutique à louer dans ce brillant passage !..
Ah ! voici deux magasins de gants et

de bretelles; tous deux sont à la hauteur de l'époque ; il n'y a que du bien à en dire. Une réunion d'*artistes* *
était indispensable en ce lieu ; j'aperçois leur établissement : des brosses, du cirage anglais, et la feuille du jour. Passons; ce magasin de bonbons n'a rien de remarquable, mais la dame du comptoir est polie, et c'est quelque chose. Arrivons vite à la marchande d'oranges, et pour cela ne laissons tomber qu'un coup-d'œil sur le bottier, le tabletier et le chapelier qui la précèdent. Pourquoi cet empressement, dira peut-être le lecteur ? C'est

* Tout le monde, à une certaine époque, prenait à Paris le titre d'*Artiste*; aussi trouva-t-on de fort bon goût la plaisanterie de ce décro-

que la marchande d'oranges est une statue assez jolie et toute mignonne, qui mériterait peut-être une partie des complimens qui lui sont quotidiennement adressés, si l'on parvenait à l'animer et à donner quelque peu d'expression à ses traits. Ce n'est pas pour faire présent de la vie à ce charmant automate que Prométhée a dérobé le feu du ciel.

Après le magasin d'oranges et de citrons, sur lequel le gaz hydrogène verse, à la nuit tombante, des torrens de lumière, on voit un marchand de jouets d'enfans ; puis un troisième teur qui, en s'établissant avec plusieurs autres sous les Galeries du Palais-Royal, mit sur son enseigne : *Aux Artistes réunis.*

gantier dont l'enseigne est au *Ci-*
devant Jeune Homme ; puis encore
un marchand de jouets , le nombre des
enfans de tout âge est si grand à Paris !

Comment donc se fait-il que le quin-
quet des anciens jours n'ait pas cédé
le pas en cet endroit aux becs resplen-
dissans du gaz !... Respirons l'odeur du
cacao dans le laboratoire de Marquis ,
fabricant de chocolat ; puis admirons
les *ombrelles* fort jolies , mais un peu
trop chères de son voisin. Ensuite le
bijoutier fixera un instant notre attention ; mais nous passerons rapidement
devant la lingère à *l'huile* pour arriver promptement au magasin d'albâ-
tres ; et nous ferons une station chez
le pâtissier *Félix.*

En coudoyant un peu les Anglais,
en nous faisant jour à travers les Anglaises qui semblent avoir fait là élec-
tion de domicile, nous pénétrons dans
le petit salon de ce pâtissier célèbre :
goûtons ses gâteaux et son vin ; comptons ensuite, et n'oublions pas de remarquer que, pour l'argent que nous
lui laissons, nous aurions pu faire un
repas complet chez beaucoup de restaurateurs. Cependant maître Félix
n'est éclairé qu'avec de l'huile : est-ce
que son four ne marcherait pas avec
le siècle ?

Attendons l'époque *du jour de l'An*
pour visiter le confiseur dont l'enseigne assez bizarre figure les *Armes de
Werther*. C'est, je crois, le magasin

de bonbons le mieux assorti du passage. Le magasin de plaqué d'argent a bien quelque droit à une mention.

J'aperçois la *Lampe merveilleuse;* on n'y vend que des gants, mais celles qui les vendent sont bien jolies !.. Pour détourner les pensées qu'elles font naître, arrêtons-nous devant le magnifique magasin de bronzes et dorures de M. Fleschelle. Honneur aux arts, c'est bien ici leur asile dans ce passage.

Quel vaste établissement que celui de ce tailleur qui est à côté ! Voilà des étoffes séduisantes, des draps qui ne manquent pas d'éclat : tout cela est-il bien solide et d'une bonne durée?... Qu'importe, puisque la mode

ne laisse pas aux acheteurs le temps
de les user.

Voici un modeste bonnetier; puis
nous touchons à *ces Panoramas* qui
donnent leur nom au passage, et nous
arrivons, après avoir jeté un regard
scrutateur sur le marchand ou la marchande de jouets d'enfans, au grand
magasin de nouveautés de l'*Éclipse*,
où se termine notre promenade.

J'avais (imprudemment peut-être)
l'intention de prononcer sur les plus
belles boutiques comme sur les marchandes les plus jolies. Je tiendrai
parole après avoir consulté les connaisseurs, et pris surtout l'avis des
dames intéressées.

~~~~~~

CHAPITRE XX.

———

LES IMPORTANS.

CONNAISSEZ-VOUS une race d'hommes plus nombreuse à-la-fois et moins supportable que celle des importans ? Véritables mouches du coche, on les rencontre partout; ils se mêlent de tout, et sont de toutes les entreprises. Il semble que rien ne soit bien fait que par eux, et ne se puisse faire sans eux;

15..

la sottise ou l'égoïsme ont gravé sur
leur front : *moi, moi, toujours moi,
rien que moi.*

Dans toutes les réunions tant soit
peu nombreuses on rencontre des importans. Qu'ils sont heureux dès qu'ils
croyent s'apercevoir qu'on les prend
pour quelque chose; comme ils se
rengorgent, se pavanent; la confiance
brille dans leurs regards; ils vous savent, tout bas, tant de gré du coup-
d'œil de mépris que vous avez laissé
tomber sur leur personne! Et que
leur importe : l'essentiel pour eux est
qu'on les regarde; ils se font facilement illusion et ressemblent à ces hâ-
bleurs qui finissent par croire à leurs
propres mensonges.

Voyez, le jour d'une fête publique, cet homme à cheval et revêtu d'un uniforme insignifiant, qui, sans mission, déplace à chaque instant la foule pour se frayer un passage : où croyez-vous qu'on l'ait envoyé ? pensez-vous qu'il soit porteur d'un ordre d'importance, et que de sa présence quelque part dépende ou la réussite ou la non-exécution de telle sage mesure ? Point du tout : son poste est précisément où il n'est pas, mais il a besoin de se montrer, d'attirer sur lui l'attention des badauds, de leur faire croire qu'il est quelque chose : c'est un important.

Quand, pour vous conformer à l'usage établi dans nos promenades, vous suivez lentement la foule des oisifs, ne vous arrive-t-il pas d'être rudement coudoyé par un grand monsieur qui veut à toute force devancer ceux qui le précèdent? c'est un important. Au bout de l'allée il reviendra sur ses pas, et recommencera ce manége incommode.

N'avez-vous jamais rencontré dans un spectacle, un jour de première représentation, ce petit être à l'air dédaigneux, qui fronce le sourcil s'il voit rire, ou sort bruyamment de sa loge au moment où l'on fait silence? c'est encore un important. Demandez-lui son avis sur ce qu'il a vu et entendu, vous n'obtiendrez qu'un sourire dédaigneux; est-ce que la pièce nouvelle a quelque chose de commun avec sa cravate, son lorgnon et sa touffe de cheveux?

Avez-vous jamais pénétré dans les coulisses d'un théâtre royal, où le suisse, en grand costume, assiste à la représentation? on a l'œil sur tout le monde; ici vous apercevez un groupe d'auteurs, d'artistes distingués, quelquefois d'académiciens (ou de gens de mérite qui devraient l'être); on y cause à voix basse, on y discute avec décence; à côté, quelques acteurs subalternes, ou des dames des chœurs, écoutent respectueusement, et comme un oracle, un discoureur éternel dont la voix couvre toutes les voix des assistans, un inconnu dont l'aplomb im-

perturbable impose aux pompiers,
aux garçons de théâtre, au suisse lui-
même ; c'est un important, c'est le
rédacteur le plus obscur d'un journal
dont le public ignore jusqu'au titre.

Un important, lorsqu'il tient une
feuille publique dans un café, en par-
court les pages avec dédain, ne parle
aux garçons qu'en regardant d'un autre côté ; trouve détestable tout ce
qu'on lui sert, affecte un grand ton
de supériorité, et tire à chaque instant
sa montre comme s'il était attendu ou
désiré quelque part.

En résumé, les importans sont des
êtres fort ennuyeux ; c'est une nuance
de sots qui fait partie de la grande famille des impertinens et des fats.

CHAPITRE XXI.

LES NOCES.

. On a raison d'accuser les hommes,
en général, d'être enclins à l'égoïsme,
et cependant il est, dans l'état de société, une foule d'usages qu'on suit
bien moins pour soi que pour les autres. Sur la totalité des gens qui se
marient, j'établis que la moitié au
moins sont prêts à convenir qu'il n'est
. pas d'argent plus mal employé que ce-

lui qu'on dépense en frais de noces,
mais ce que veut l'usage, il le veut
bien ; c'est le tyran le plus ridiculement absolu qu'on connaisse.

Ce n'est pas une petite affaire que
les apprêts d'une noce, à Paris comme ailleurs ; et lorsque les parties con-
tractantes sont tombées d'accord sur
les articles du contrat, il faut encore
qu'elles s'accordent sur le choix du
restaurateur où se fera le repas. J'ai
connu un bon bourgeois qui rompit
obstinément avec son futur gendre,
parce que ce dernier voulait à toute
force que la fête des épousailles se cé-
lébrât au *Cadran-Bleu ;* le bonhomme
inférait de là que son gendre aimerait
le faste et l'ostentation, qu'il ne sau-

rait pas régler ses dépenses et manque-
rait d'économie. A parler franchement,
cet honnête bourgeois ne raisonnait
pas trop mal.

Un tarif, réglé par l'usage, a décidé
que telle maison convient à telle classe
de la société ou à ses analogues. Presque tous les artisans font leurs noces
dans les guinguettes : les salons de
cent couverts sont rarement inhabités
le samedi. Le petit commerce affec-
tionne cinq ou si grands établissemens où l'on danse de père en fils,
depuis un pareil nombre de généra-
tions.

Il fait bon, pour un observateur, le
dernier jour de la semaine, dans les
lieux enchantés que le dieu d'hymé-

née a pris sous sa protection : le
spectacle commence ordinairement de
trois à quatre heures. Les plus diligens
d'entre les invités, avides de voir et
d'être vus, ont quitté l'église en toute
hâte, et les dames ont échangé *la toilette* du matin contre la parure du
soir; il est d'une telle importance de
savoir promptement comment on s'est
tiré du double écueil que présente
cette journée ! A combien de critiques
sournoises, d'avis en apparence bien-
veillans, de questions perfides ne s'expose pas une pauvre femme peu expé-
rimentée , et qui confond le schal ou
le chapeau de la messe avec la robe ou
la coiffure du bal ! Que de gauches
coquettes, improvisées pour ce jour-là

en belles dames, reprochent tout bas
à leur voisine *un air commun* qu'elles
ont elles-mêmes, sans s'en douter, à
un degré désespérant pour le pauvre
époux qui a payé la dépense !

A l'arrivée chez le traiteur de la file
des équipages où sont entassés les gens
de la noce, on sait tout de suite à quoi
s'en tenir. Si vous n'apercevez que des
fiacres, soyez indulgens ; sont-ce des
remises, c'est plus huppé ; si des ca-
lèches, si des landaw, si des coupés
ou des berlines se mêlent à des cabrio-
lets, n'épargnez pas la critique : c'est
la vengeance du piéton.

Beaucoup de restaurateurs, de traiteurs, et même de simples marchands
de vin, font, ainsi que l'annonce pom-

peusement leur enseigne, *noces et festins*; mais gardez-vous bien d'aller frapper indifféremment à toutes les portes; il y a cent maisons, hors les barrières et dans Paris même, où la plus grande partie des mets n'existent qu'en peinture, et font partie obligée de la décoration extérieure. Le ciel préserve un gastronome de ces trompeuses amorces; il importe peu aux époux que la table soit bien ou mal servie : ce jour-là le petit dieu d'amour, qui n'est pas encore l'hymen, a bien autre chose à penser; mais il n'en est pas de même des invités, la nuit qui suivra la fête n'aura point pour eux de compensations.

Voulez-vous être bien traités ? essayez

du *Cadran Bleu*, que j'ai déjà nommé; voyez le successeur de Goupil,
au Boulevard du Temple, dont l'emplacement est fort beau; entrez même
chez Tivet, vis-à-vis les petits théâtres :
ce dernier n'a pas encore acquis le
droit de se faire payer bien cher; il lui
reste beaucoup à faire pour égaler les
autres, mais on le dit sur la bonne
route.

Aimez-vous mieux Belleville ou les
Champs-Élysées? vous n'avez que l'embarras du choix : le premier de ces deux
endroits vous offre son *Ile d'Amour ;*
et le nom de *Desnoyer*, nom célèbre et
cher à Bacchus, est déjà une garantie
de plaisir. Il y a des quartiers entiers
de cette capitale dont presque tous les
16..

habitans, sans distinction, ont sablé le
vin et fait grincer l'archet des violons
de Desnoyer, le jour qu'ils se sont
enrégimentés sous les drapeaux de ce
bon hymen.

J'oublie une foule d'autres endroits,
et ne saurais d'ailleurs les indiquer
tous ici; mais je tiens en réserve la
Grande - Chaumière, au boulevard
Mont - Parnasse, où l'on voit, très
souvent, les convives de trois et même
de quatre noces, boire, manger et
sauter en cadence, sans se mêler.

Vastes salons de la Grande - Chaumière, et vous, bosquets mystérieux,
que d'aurores de bonheur vous avez
vu luire pour de tendres époux qui,
trois mois plus tard, s'arrachaient

les yeux et appelaient à grands cris le divorce !

Jeunes garçons qui soupirez pour *le bon motif*, filles charmantes qui désirez si ardemment de conquérir la liberté que donne le mariage ; et vous, veufs et veuves, qui demandez au ciel de nouvelles chaînes; vous-mêmes enfin , célibataires trop lents à payer légalement votre tribut à la société , faites un choix, et prenez la route du boulevard Mont--Parnasse : on y entreprend des noces à tous prix ; car cela aussi se règle bien moins sur la volonté des conjoints que sur la dot de la mariée. Êtes-vous peu favorisés des dons de la fortune? le salon bleu vous attend ; à votre aise? on vous recevra

dans le salon vert ; riche? on ouvrira
pour vous les deux battans de la porte
du salon rouge. En vain les malins
s'appliqueraient à chercher en ce lieu
certaine autre couleur qu'ils appellent
conjugale, elle est bannie avec soin de
la maison, de même qu'on a exilé des
parterres odoriférans les pavots et les
tristes soucis.

~~~~~~

CHAPITRE XXII.

L'AVANT-SCÈNE DES PETITS THÉÂTRES.

AVANT que le temps et la raison n'eussent fait justice d'une foule d'usages ridicules, les marquis petits-maîtres, les fats grands seigneurs, les gens comme il faut enfin occupaient sur l'avant-scène de chaque théâtre (afin d'être séparés du commun des spectateurs) des places réservées sur des banquettes qu'on plaçait de cha-

que côté au moment de la représentation. * Il est aisé de voir combien
cela nuisait à l'illusion théâtrale, et
d'apprécier l'embarras des acteurs,
obligés de traverser une double haie de
curieux bruyans et inattentifs à dessein. Pour parvenir à exiler ces fâcheux dans la salle, il est probable
qu'on imagina les loges *d'avant-
scène*, où se réfugient, de nos jours
encore, les spectateurs qui viennent
au spectacle bien moins pour voir que
pour être vus, et dont quelques-uns
ont conservé les traditions peu respec-
tueuses de leurs devanciers.

* La suppression des banquettes qu'on plaçait
sur le théâtre est attribuée à M. de Lauraguais.

Dans presque tous les théâtres royaux, les loges d'avant-scène sont occupées à l'année par de grands personnages; le public n'est guère admis que dans celles du rez-de-chaussée et des rangs supérieurs : aux boulevards, il y a des amateurs qui se disputent le plaisir de s'y placer pendant une soirée. C'est là que siègent ces juges sévères, bien plus qu'éclairés, qui condamnent sans entendre, et forment une classe à part. Les arrêts qu'on porte ailleurs sur le mérite des ouvrages, sont cassés à l'avant-scène. Il est vrai que, par une juste réciprocité, le public sans passion ne tient nullement compte des jugemens de l'avant-scène.

Long-temps ces loges ont été l'effroi
des acteurs et la terreur des actrices ;
on se fait à tout : les premiers ont pris
leur parti ; quant aux actrices, elles
n'ont maintenant qu'à se louer des
juges galans qui peuplent les loges d'a-
vant-scène, pourvu cependant qu'elles
soient jeunes et jolies ; les vieilles sont
protégées par leur âge, on les remarque à peine.

C'est de l'avant-scène que partent
les murmures improbateurs, où les
applaudissemens outrés, aux jours de
première représentation ; là, sont établis les connaisseurs qui jugent du mérite des figurantes et des danseuses ;
les grâces d'une *amoureuse* sont plus
appréciées que son talent. Il est rare

qu'il ne se trouve pas à l'avant-scène
cinq ou six des adorateurs de ces dames ; la même banquette a souvent
réuni le passé, le présent et l'avenir.
Aussi chacun apporte-t-il là ses préventions plus ou moins favorables ; et
si l'amour-propre satisfait s'acquitte
en applaudissemens, souvent il arrive
que le dépit éclate à coups de sifflet.

Voulez-vous connaître avec détail
la vie privée d'une prêtresse de Terp-
sicore, ou même celle d'une figurante
encore un peu fraîche ou jolie ? placez-
vous à l'avant-scène, et consultez hardiment le premier venu : les détails
biographiques les moins connus, les
aventures les plus secrètes vous seront
révélés avec assez peu de précaution

pour que les spectateurs placés dans
les loges voisines prennent leur part
de la confidence qu'on vous fera. Ces
huissiers - priseurs de la beauté vous
épargneront les fausses démarches,
les pas-de-clercs, les déconvenues.

Les avant - scènes des théâtres du
Boulevard ont souvent été le rendez-
vous d'un essaim de jeunes étourdis
dont les folies, quelquefois assez gaies,
mais toujours trop bruyantes, faisaient le désespoir ou le bonheur des
beautés qui figurent dans les ballets
ou les mélodrames ; les cent premières
représentations des *Petites Danaïdes* *
ont causé je ne sais combien de tendres

* La plus jolie parodie qui ait été faite : elle
est de MM. Désaugiers et Gentil.

rapprochemens et de terribles ruptu-
res. Que de projets de vengeance , de
querelles, de brouilleries, de raccom-
modemens ont fait prendre des billets
d'avant-scène à des spectateurs qui
ne s'informaient de la composition du
spectacle que pour savoir s'ils verraient
celles qu'ils venaient chercher! Cent
fois il s'est élevé des altercations assez
vives entre des spectateurs qui dési-
raient écouter et ceux qui ne voulaient
que voir ; en vain les premiers faisaient
entendre le cri : *A la porte !* on n'en
tenait compte , et le diable n'y per-
dait rien.

Au résumé, ne prenez pas de billets
d'avant-scène, vous qui allez au spectacle pour écouter et voir.

~~~~~~~~~~~~~~~~~~~~~~~~~~~~~~~~~~~~~

CHAPITRE XXIII.

LES OISIFS.

Il y a partout des oisifs; mais tous n'ont pas la même physionomie ou les mêmes habitudes : que de manières diverses de tuer le temps ! En province, il n'y a d'oisifs que les gens dont l'existence est assurée; à Paris, il n'en est pas tout-à-fait de même : on y rencontre à chaque instant des oisifs par goût, des oisifs par nécessité, et des oisifs

par métier. * Il faut se garantir des
premiers, éviter d'avoir affaire aux
seconds, et fuir les derniers comme la
peste.

Dans les établissemens publics, dans
les rues , dans les promenades et jusque dans les spectacles , il y a des oisifs : rien n'intéresse moins ces derniers
que ce que l'on joue; ce qui pique
leur curiosité, c'est précisément ce
qu'ils ne sont pas venus chercher. Un
oisif reste froid à la représentation de
la plus belle comédie de Molière ou à
celle d'une tragédie de Racine ; il est,
là comme ailleurs , étranger à ce qui se
passe. Mais qu'une dispute s'élève dans

* Les espions.

un corridor, entre une ouvreuse de
loges et des gens qui veulent absolument qu'on les place, sous le prétexte
qu'ils ont payé pour cela; qu'une querelle s'engage au parterre ou dans le
foyer, il y court en toute hâte et se
mêle à la discussion : il écoute les
plaintes des parties; les conseille, les
aigrit ou les sépare, et ne les quitte
que pour voler à d'autres distractions.

Un oisif se trouve-t-il dans un café,
il laisse devant lui, sans les lire, tous
les journaux qu'on lui présente : lire,
c'est s'occuper; il ne conçoit pas
qu'on fasse quelque chose. Il va du
comptoir au poële, et d'une table à
l'autre, en examinant tout le monde
et sans regarder personne : il consulte

sa montre ou la pendule, et dresse
l'oreille aussitôt qu'il entend le son
d'une caisse de tambour ou tout autre
bruit à l'extérieur. Il est au premier
rang s'il passe un cortége ; à Tivoli, si
quelque fête extraordinaire est annon-
cée ; au tribunal, si l'on juge une
cause intéressante : on le prendrait
pour un curieux ; point du tout, il ne
sait que faire.

Dieu vous garde des oisifs alors que
vous êtes pressés : embusqués sur la
voie publique, ils vous guettent, vous
arrêtent au passage, et vous forcent à
dépenser avec eux un temps précieux
qu'ils ne savent comment employer,
et ne lâchent leur proie que pour en
saisir une autre.

En bonne police, il devrait y avoir
des peines portées contre l'oisiveté : si
mon temps m'est cher, celui qui me
le fait perdre est un voleur.

Toutes les grandes villes fourmillent
d'oisifs ; Londres est, après Paris, la
capitale où ils se trouvent en plus
grand nombre.

Dans ces deux cités on dirait qu'ils
sortent de dessous terre : aussitôt que les
plus petits événemens donnent l'émoi à
la curiosité publique, les curieux se joignent pour un instant aux oisifs ; il devient fort aisé de distinguer les premiers
des seconds : aussitôt que les uns ont
vu ce qu'il y avait à voir, ils poursui-
vent leur chemin ; mais il n'en est pas
de même des autres. Ils s'approchent,

s'informent, questionnent les gens qui les entourent, et ne s'éloignent qu'à regret du lieu de la scène.

Dans les salons comme dans les rues, sur les places publiques et devant les parades des boulevards, les oisifs forment la majorité, il y en a partout, c'est-à-dire qu'il y a partout des gens qu'on ne parvient jamais à intéresser. Il se glisse des oisifs jusque dans les plus hauts emplois, et même à la tribune; ceux-là sont les plus dangereux, parce que ce sont eux qu'on achète de préférence; ils sont, par goût, *au plus offrant*. Une fois achetés, ils changent de nom et deviennent des *girouettes*. Qu'on y réfléchisse un moment: les hommes qu'on stigmatise de ce nom sont-ils autre chose que des oisifs? S'ils s'occupaient dignement, s'ils se pénétraient de l'importance des fonctions qui leur sont confiées; s'ils songeaient à leurs commettans, aux maux que peut causer leur insouciance, calculée ou non, leur resterait-il assez de temps pour se livrer à de coupables transactions!

Si l'oisiveté est la mère de tous les vices pour les hommes en général, que de maux ne peut-elle pas engendrer lorsqu'elle est le partage de ceux qui ont reçu de leurs concitoyens l'honorable mission de défendre les plus hauts intérêts de la patrie!

CHAPITRE XXIV.

LA CLASSE OUVRIÈRE.

Le lundi est le dimanche des ouvriers. Tandis que les commerçans de toute espèce vont déployer dans les promenades leur luxe dominical, les artisans sont à l'ouvrage; il est rare que ces hommes laborieux terminent le samedi les commandes de la semaine : presque toujours ils manquent involontaire-

ment à leur parole ; s'ils refusaient de
se charger de ce qu'on leur donne à faire,
ils courraient le risque de compromet-
tre leur réputation. « A l'impossible nul
n'est tenu ; » voilà ce qu'ils disent à
l'exigeant boutiquier dont ils dépen-
dent. Que répondre à un malheureux
courbé sous le double poids de la fatigue et des privations, qui vous prouve
qu'il a passé deux ou trois nuits pour
essayer de remplir ses engagemens ?

La classe opulente n'a qu'une idée
imparfaite des souffrances inouïes qui
assiégent presque sans cesse un pauvre
ouvrier. Ces brillantes superfluités,
ces bijoux élégans, ces riches écrins,
ces bagatelles si jolies dont se parent
les dames, quelquefois avec plaisir et

souvent avec indifférence, ont coûté
bien des peines, bien des soucis, bien
de l'inquiétude à ceux qui ont été chargés de les confectionner. Le marchand,
qui se trouve partie intermédiaire
entre l'acheteur et l'ouvrier qui con-
fectionne, absorbe à lui seul les dix-
neuf vingtièmes du bénéfice. Il faut,
vous dira-t-il, non sans raison, que
je paye un loyer énorme, que j'entre-
tienne mon magasin sur le pied le
plus coûteux ; et la patente, et les
impôts, et les faux frais, et les créan-
ces hasardées, et les mauvais payeurs...
L'ouvrier n'a que très peu de risques à
courir pour le paîement de son salaire ;
il sait au moins à quoi s'en tenir, et
peut d'avance calculer l'emploi de son

argent. Cela est vrai ; mais par combien de maux, de douleurs n'achète-t-il pas cet avantage ? En été, dès que le jour paraît il est sur pied. Dans l'hiver, il devance l'aurore de trois et quatre heures ; presque toujours il travaille long - temps encore après le coucher du soleil, et souvent il n'a pas le temps de se livrer au repos.

Voyez, dans une même chambre au sixième étage, un père qui travaille, une mère qui s'occupe des détails du ménage, et des enfans qui, selon l'âge qu'ils ont atteint, jouent ou commencent à aider les auteurs de leurs jours. Personne ne reste oisif ; chacun est occupé suivant sa force ou ses capacités. Le travail n'est interrompu qu'aux heures

des repas ; encore abrège-t-on autant
qu'il est possible les momens dè repos.
Une heure d'inaction est un larcin fait
à la famille entière ; un quart d'heure
qu'on perd ôte un morceau de pain à
ces pauvres enfans.

Un marchand *adroit* ne fait pas établir la marchandise qu'il débite par
de riches manufacturiers ; c'est à l'artisan malaisé qu'il s'adresse : une avance, qu'il sait faire à propos, lui livre
à discrétion l'ouvrier qu'il employe. Il
spécule sur ses besoins et gagne sur sa
nourriture ; il achète et paye, à l'avance, le produit des sueurs de toute une
famille.... et l'on s'attendrit sur le sort
des esclaves dans les colonies ! Qu'on
juge des tourmens d'un pauvre ouvrier

qui compare sa situation à celle de l'homme qui le fait travailler ! Il sait que l'ouvrage qui sort de ses mains, qu'il vient d'achever avec tant de peine, et pour une si petite somme d'argent, rapportera vingt fois autant à celui qui n'a eu que la peine de le commander. Il est affreux de songer qu'un meilleur ordre de choses est impossible.

Et quelles sont les jouissances de la classe ouvrière? le dimanche au soir, un artisan soupe avec sa famille dans un triste cabaret; ce jour-là tout le monde est à table : on dévore une salade, un peu de charcuterie, qu'on arrose de quelques litres d'un vin détestable, et l'on remonte se coucher, à moitié pris de vin.

Le lundi au matin la tête est lourde ;
on fait de vains efforts pour se remettre
à l'ouvrage ; il faut descendre et prendre l'air. Un ami se présente, on se
rend avec lui dans une guinguette hors
des murs ; on y boit à longs traits l'ou-
bli momentané de sa femme, de ses
enfans.. ; le plus raisonnable des deux
ramène l'autre au logis, le couche et
sort. Au réveil on a faim, et la misère
est là !...

18..

~~~~~~

CHAPITRE XXV.

LES CAFÉS DU BOULEVARD.

Un café bien achalandé, qui dépend d'un théâtre à la mode où l'on joue le mélodrame, est une mine d'or pour qui l'exploite : à presque tous les momens du jour on y consomme quelque chose ; et, de cinq à dix heures du soir, on s'y dispute un coin de table. Entrons dans un de ces établissemens, et faisons l'inventaire de ce qu'on y trouve.

Le personnel se subdivise en plusieurs catégories bien distinctes ; on
peut ranger dans la première les têtes
à perruque formant galerie au billard,
braves gens qui ne sont là que pour
faire nombre, spectateurs désintéressés qui ne jouent jamais et ne consomment point; espèce d'hommes-meu-
bles qui siégent inamoviblement à la
même place. La seconde se compose de
ces honnêtes bourgeois qui, parce qu'ils
ont pris une demi-tasse, sans petit-verre, à quatre heures de l'après-dînée,
se croyent encore en droit d'occuper
toute une table à onze heures du soir.
Nous placerons dans la troisième les
lecteurs de journaux, ces fléaux des
garçons, qui se distribuent des numé-

ros d'ordre afin de ne pas manquer
une seule feuille. Viennent ensuite les
consommateurs d'habitude, qui prennent, payent et s'en vont ; les gens at-
tachés au théâtre, qui ont acquis,
par cela même, le droit de ne rien
prendre ; les passans, les spectateurs
qui viennent se désaltérer dans les entr'actes, et ces hommes qu'on remarque
partout, qui n'éprouvent jamais d'autre désir que celui de voir, d'autre besoin que celui d'entendre.

Un habitué du café *Procope* ou du
café *Manoury* ne pourrait résister au
bruit qui se fait au boulevard : les échecs
y sont interdits ; le jeu de dames en est
exilé ; le domino seul a tenu bon ; il a ré-
sisté aux persécutions sourdes des gar-

çons, aux plaisanteries des buveurs de
punch, aux usurpations constantes des
habitués du théâtre, aux manœuvres
intéressées du maître de l'endroit,
aux ordres impérieux de la beauté qui
règne au comptoir. A-t-on voulu le
bannir, ses disciples ont fait couler la
bière à grands flots; a-t-il été question
de le cacher à tous les yeux dans quelque salle reculée, il a eu recours à l'é-
chaudé, au petit-verre; et de quel droit
d'audacieux garçons viendraient-ils
disputer le terrain à des gens qui jouent
et demeurent long-temps en place à la
vérité, mais qui consomment et payent?

C'est pendant les entr'actes d'un mélodrame qui attire la foule, qu'il faut
voir un café du boulevard : le bruit de

la sonnette ne cesse de se faire entendre; on parle, on crie à-la-fois de tous
les côtés; les garçons cherchent en vain
à se multiplier; mille bouches, avides
de se désaltérer, prononcent en même
temps les mêmes phrases avec le même empressement. Ici, de la bière; là,
de l'orgeat; plus loin, des glaces; à
côté, de la groseille; et, de toutes parts,
un égal désir d'être promptement servi.
C'est alors qu'il siérait mal aux gens qui
n'entrent dans un café que *pour mé-
moire*, d'oser élever la voix pour demander un journal qu'ils n'ont pas lu;
le courroux de tous les garçons à-la-
fois, leur juste indignation, feraient
promptement justice d'une demande
aussi intempestive. Rangés autour du

poële, et se faisant petits, il faut
que les politiques restent immobiles
jusqu'au moment où la consommation s'arrête. Un sourire affectueux,
une attention polie envers un garçon,
rétablit l'équilibre que l'entr'acte avait
brisé : tout reprend alors son cours,
et l'on entend un chœur de voix cas-
sées qui répète incessamment ces mots :
« Après vous, Monsieur? — Monsieur,
il est retenu. — Je l'avais cependant
demandé ! — Monsieur, je serai le troisième, etc., etc. »

Après la pièce on voit les salles se
remplir de nouveau, et la consommation recommence ; mais la foule se dis-
sipe promptement, et bientôt il ne
reste plus que certains habitués tena-

ces, quelques employés du théâtre, les acteurs qui ne jouaient pas, et MM. les auteurs. On se réunit autour de plusieurs tables : la pièce nouvelle est jugée en raison du savoir, du caprice ou des intérêts de chaque interlocuteur. On discute sur la quotité de la recette; on met sur le tapis le mérite *des amis* qui sont absens, et l'on en médit jusqu'au moment de leur arrivée. Alors on leur prend la main avec affection, on leur offre un rafraîchissement, on trinque, et la paix est signée avec eux... jusqu'à ce qu'ils aient tourné le dos.

~~~~~~

CHAPITRE XXVI.

———

LES MARCHANDES DE MODES.

On a souvent porté des jugemens bien hardis sur ces intéressantes prêtresses de la plus capricieuse des divinités ; quelques chansonniers, plus malins que véridiques et de bonne foi, n'ont pas craint de les traduire sur la scène, et de leur prêter un langage et des mœurs qui ne leur appartiennent en aucune

manière. Il est faux , de toute fausseté ,
.que les marchandes de modes soient ,
comme on cherche à le faire croire ,
une exception dans la société : j'entre-
prends de prouver , et je prouverai sans
peine, que leurs jours , bien loin d'être
filés d'or et de soie, ont une trame
commune à tous les infortunés.

Les modistes , qu'on plaisante et
qu'on calomnie impitoyablement, connaissent les privations de toute espèce , et les supportent avec une rési-
gnation vraiment philosophique; sans
cesse adonnées au travail , presque
toujours distraites par des combinaisons qui absorbent leurs facultés mo-
rales, elles laissent bien peu de prise
aux atteintes du malin , et sont , sept

jours sur huit, bien moins frivoles, bien moins légères, bien moins exposées qu'on ne semble le croire.

Entrons dans les détails de leur vie privée, et voyons ce qui peut donner lieu légalement aux innombrables quolibets qu'on débite sur leur compte.

Une ouvrière en mode est au travail avant neuf heures du matin et ne le quitte qu'à dix heures du soir ; elle fait deux repas par jour, ou plutôt elle est censée les faire. Dans les plus riches maisons, on ne donne aux modistes que des légumes, rien que des légumes ; sans doute on craint qu'une nourriture trop abondante et les sucs nourriciers de la viande ne leur portent au cerveau. Le vin, qu'elles n'aiment pas,

ne leur est présenté qu'après avoir été
mis en rapport avec la fontaine, et le
dessert leur ferait perdre trop de temps.
Des maux d'estomac les tourmentent
presque sans cesse de dix heures à cinq
heures du soir; ce n'est qu'à force de
morceaux de sucre, et quelquefois,
après le dîner, avec le secours d'une
demi-tasse de café partagée en quatre, qu'elles se procurent un moment
de relâche. Aussi quel accueil font ces
pauvres récluses au cousin de province qui vient généreusement leur
offrir, le dimanche ou un jour de fête,
de les régaler du potage à la Julienne,
du beefteck, du fricandeau à l'oseille,
et de la classique omelette soufflée !

Le prix ordinaire du travail de l'an

née varie à raison des talens d'une mo-
diste, et cela, du moins, est de toute
justice : il y a des *artistes*, des ouvrières émérites, qui sont payées jusqu'à
mille écus ; mais pour quelques-unes
dont les produits sont cotés à ce taux,
et qu'on reconnaît à leur âge compé-
tent, au tablier vert, ample et court,
à la toque de velours savamment chif-
fonnée, et surtout à la place d'honneur
qu'elles occupent près des carreaux du
magasin, combien végètent avec cinq,
quatre, ou même trois cents francs
d'appointemens !

Le terme moyen est de huit cents
francs. J'ai dit qu'elles sont nourries,
ou à-peu-près ; beaucoup ont le logement : ce sont les moins avancées, les
19..

surnuméraires, celles qui ne sont pas
suffisamment initiées dans les mystè-
res de leur art. Ces dernières sont chargées des fonctions les plus désagréables.

Retranchées dans une mansarde dès
que onze heures ont sonné, toutes con-
fient joyeusement à Morphée le soin de
les délivrer pour quelques heures des
maux qui pèsent sur elles; les songes
heureux, ceux qui sortent par la porte
d'ivoire, leur montrent un établissement et des maris en perspective; quelquefois le schall de cachemire, la robe
d'un tissu précieux qu'on a vue, dans
la journée, à une dame *comme il faut*,
se présente en rêve, et ne disparaît
qu'avec le jour. Quelquefois encore on
songe au moyen de se procurer certains

objets de tentation.... mais ces rêves
ambitieux ne se renouvellent que rarement : on sait bien que les personnes
du sexe s'occupent peu de la toilette,
et les modistes sont femmes.

Les ouvrières d'un magasin se sub-
divisent en pensionnaires et en exter-
nes. Ces dernières ont un logement en
ville : à dix heures très précises elles
quittent l'ouvrage, s'aventurent dans
la rue, et laissent au hasard le soin de
leur trouver un vengeur, si quelque
téméraire osait les méconnaître....

Une des fonctions des dernières ve-
nues est assez singulière, elle consiste
à *rappeler*. Je m'explique : souvent
une dame qui est entrée dans un magasin, et dont le choix s'est arrêté sur

un chapeau, *a mésoffert*, c'est-à-dire a proposé à la marchande de lui laisser l'objet qu'elle convoite pour un prix moindre de celui qu'on lui en a demandé ; on prévient la sortie de la dame en s'esquivant avec adresse ; puis, quand l'acheteuse approche d'un autre magasin, on l'arrête, et, bon gré malgré, il faut qu'elle revienne sur ses pas. C'est alors que le marché se termine.

Le nombre des modistes s'est singulièrement accru depuis quelques années ; je laisse à de plus profonds observateurs le soin de rechercher les causes de cet accroissement ; je me bornerai à dire que les provinces sont, en partie, chargées d'alimenter le personnel des magasins de modes pari-

siens : la Normandie fournit, à elle
seule, une foule de jeunes beautés que
le perfide enfant de Cythère a fait
dévier du droit chemin, et qui viennent enfouir dans un comptoir leurs
regrets, leurs talens et les débris d'in-
nocence qu'elles ont sauvés du nau-
frage.

CHAPITRE XXVII.

TRAITEURS ET RESTAURATEURS.

La distance qui sépare les *traiteurs* des *restaurateurs* est immense aujourd'hui ; ces derniers ont laissé les premiers bien loin derrière eux : les traiteurs sont les plébéiens de la cuisine , et les *rôtisseurs* et les *marchands de vin traiteurs* en sont les parias. Qu'il s'est écoulé de temps depuis l'époque où les gourmands de bonne compagnie allaient, sans craindre de déroger, s'entasser à quatre heures dans la soupente d'un suisse du Louvre , ou dans le modeste entresol d'un marchand de vin renommé pour ses huîtres et ses pieds de mouton! L'art culinaire a fait d'incroyables progrès ; l'heureuse association de cet art à la science de la politique, a produit plus d'effet en quelques années, que toutes les combinaisons des Carême et des Beauvilliers.

Jetons un regard sur le passé : que trouvait-on chez les traiteurs avant la révolution (car c'est toujours de là qu'il faut partir) ? La fricassée de poulet était encore à l'apogée de sa gloire ; on ne concevait rien de plus succulent qu'une

pièce de veau rôtie ou qu'un civet de
lapin ; la *matelotte,* aujourd'hui passée
un peu de mode, est fille de nos dis-
cordes civiles ; le *fricandeau* l'a suivie
de près ; l'*omelette soufflée*, à présent
la proie des grisettes et des commis-
marchands, est de la même époque ;
et le *beefteck,* ce mets que nous de-
vons aux idées positives qui germent
dans tous les cerveaux anglais, était à
peine connu en France avant la signa-
ture du traité d'Amiens.

Faut-il l'avouer ? à la honte de notre
cuisine, au moment où j'écris, le *roof-
beef,* ce manger des dieux qu'ont
imaginé les Anglais, cette ambroisie
des mortels dont l'exquise simplicité
fait le plus bel éloge du goût épuré des

robustes enfans d'Albion, le roos-beeff
est à peine connu de la génération actuelle ; on ne le rencontre guère qu'à
la Taverne anglaise, rue de l'Arcade-
Colbert, chez les Frères Provençaux,
et peut-être aussi chez les successeurs
de Véry ?

Il faut se consoler en songeant que
la vaccine et l'enseignement mutuel
trouvent des détracteurs !

Le premier restaurateur qui ait fait.
parler avantageusement de lui depuis
trente ans, est Méot. Son laboratoire,
où s'apprêtait le dîner des convention-
nels, des fournisseurs et des parvenus
de l'époque, était situé rue des Bons-
Enfans et rue du Lycée, à l'ancienne
chancellerie d'Orléans, précisément où

se trouve aujourd'hui *le Salon Français*, modeste établissement de restaurateur, où l'on dîne à deux francs par tête.

Juliet, l'ancien acteur de Feydeau, était, à-peu-près dans le même temps, restaurateur rue Vivienne ; on parlait aussi d'un nommé Ro, ou Rôt : et les faiseurs de jeux de mots disaient qu'un gourmet devait aller voir *Ro*, *Méot et Juliet*.

On vit s'élever ensuite les Robert, les Legacque, les Beauvilliers, les Véry, et ces Frères Provençaux que je viens de citer. A ceux-là ont succédé les Riche, les Véfour, puis le *Café Anglais*, le *Café de Paris*, et enfin le *Café Américain*, situé tout près de

ces deux derniers, sur le boulevard
Italien, et qui déjà rivalise avantageusement avec ses aînés. *

Le nombre des restaurateurs du se-
cond ordre est trop considérable pour
pouvoir être passé en revue; parmi
ceux-là il en est plusieurs qui, comme
Figaro, valent beaucoup mieux que
leur réputation. Trop souvent, chez les
restaurateurs en renom, on paye bien
moins la qualité des mets que la vogue
dont jouit l'établissement.

Dans quelques-unes de ces maisons,
on doit surtout s'attacher à n'être pas
pris pour dupe par les garçons; en

---

* Les *Cafés Anglais, de Paris, Américain,*
sont de brillans restaurans.

général, on oublie un peu trop à Paris que les établissemens ouverts au
public doivent l'être autant dans l'intérêt de ceux qui les fréquentent que
dans celui des spéculateurs qui les
exploitent. De-là les moyens, trop souvent illicites, qu'on emploie pour qua-
drupler, et quelquefois décupler les bé-
néfices. Il y a des endroits où l'on traite
les consommateurs comme s'ils ne
devaient jamais revenir. C'est précisément comme cela que se conduisent
les honnêtes gens qui tiennent des au-
berges où s'arrêtent les diligences sur
les grandes routes. *

* Quelqu'un a dit que depuis que les voleurs
ne dévalisent plus les passans dans les forêts,

On a tellement laissé s'enraciner l'u-
sage de donner aux garçons en soldant
sa carte, après dîner, qu'il est maintenant impossible de s'y soustraire ;
qu'on soit content ou non, il faut se
courber sous le joug qu'ils vous impo-
sent. C'est le cas, assez rare d'ailleurs,
où le faible fait la loi au plus fort.

Il y a, chez un restaurateur très
en renom et fort achalandé, un garçon dont l'*industrie* doit être signalée :
en financier habile, il a toujours en sa
possession une pièce de dix sous bien
usée et si mince qu'on n'y distingue
plus rien ; il ne manque pas de la glis-

ils se sont organisés en corporations sur les
grandes routes , sous le titre d'*Aubergistes.*

20..

ser dans la monnaie qu'il rend aux payans ; on ne manque pas non plus de remarquer cette pièce, et, pour éviter une discussion désagréable, on la lui donne.

Les jeunes gens, les célibataires et les étrangers, sont les habitués naturels des restaurateurs ; il faut y joindre les commerçans et les solliciteurs de tous les coins de la France. En trois heures au plus (de cinq à huit heures du soir), tous les dîners sont finis ; ce qu'on appelle *le coup de feu*, dure de six à sept. A neuf heures les salons sont déserts ; deux tables placées l'une auprès de l'autre reçoivent la dame du comptoir, le *chef* et les garçons de salle : on mange en silence, on va

se coucher ensuite, et le lendemain
on recommence. Il faut actuellement
moins de cinq années pour faire fortune dans cette profession ! Un restaurateur du Palais-Royal, que j'ai nommé dans cet article, a gagné vingt-
cinq mille livres de rente en quatre
ans.

~~~~~~

CHAPITRE XXVIII.

———

LE BOULEVARD DE GAND.

Cette portion privilégiée et si élégante du boulevard est à l'abri du reproche qu'on peut adresser à tant de gens, de n'avoir pas gardé la couleur qu'ils avaient précédemment arborée : avant de s'appeler *boulevard de Gand*, il s'appelait *boulevard de Coblentz,* ce qui revient presque au même. On sait

que ce fut au mois de juillet de l'an
1815, qu'il abdiqua l'un pour l'autre.

Un étranger qui se tiendrait du côté
opposé à celui où est situé le *Café Tor-*
toni, et qui croirait se promener sur
le boulevard de Gand, commettrait
une étrange erreur : la mode n'a jamais adopté qu'un seul côté ; il en est
de cet endroit comme des rives du Rhin
à Strasbourg : sur une rive, la France ;
sur l'autre, l'Allemagne. Il n'y a presque rien de commun entre le brillant
habitué du boulevard de Gand, et le
promeneur sans prétention qui longe
paisiblement le *Pâté-des-Italiens.*

Le boulevard de Gand, proprement
dit, ne commence qu'à la rue Lepel-
letier, au *Café Riche ;* il finit à la se-

conde entrée du *Café de Paris.* C'est
dans cet étroit et court espace qu'il
est de bon ton de venir le soir, en été,
de huit à dix heures, avaler une poussière que les nombreux équipages, qui
affluent dans toute la longueur du boulevard, distribuent aux piétons avec une
générosité soutenue. En vain on arrose
avec un soin tout particulier, on ne
parvient jamais à rafraîchir l'atmosphère, à diminuer la pesanteur de l'air
qu'on respire en ce lieu.

Pour ne pas perdre l'occasion de citer plusieurs établissemens remarquables qui n'ont pas l'honneur d'être situés sur le boulevard de Gand, rigou-
reusement parlant, revenons un peu
sur nos pas, et commençons notre re-

vue à partir de la rue Grange-Batelière,
en nous tenant toujours sur la rive
droite. Voici d'abord les deux nouvelles
galeries qu'on vient d'ouvrir ; elles sont
d'une élégance admirable, et n'ont
qu'un défaut, celui de ne conduire
nulle part. Au coin de la première est
le beau magasin de musique de Ga-
veaux, nom cher à Euterpe et à Erato.

Au-dessus de cette galerie, à l'entrée
de laquelle est un temple souterrain
(*Idalie*) ouvert chaque soir à Terpsi-
core, et que desservent des prêtresses
qui n'ont pas fait vœu de chasteté, on
remarque le bel établissement dit des
Amis des Arts, tenu par MM. Sazerac
et Duval-Lecamus, éditeurs de *la France au dix-neuvième siècle*. Tous les

artistes et les amateurs ont parcouru
les salons de ces messieurs, où l'on voit
plusieurs tableaux capitaux, tels que
le *Camoëns*, d'Horace Vernet; le *Sol-
dat laboureur*, de Vigneron; le *Pont
d'Arcole*, de Bellanger; et la *Mort
d'Hector*, par Grévedon. Leurs cartons
recèlent de nombreux et charmans des-
sins; et *Danaé* du Corrège, *le lord
Byron*, de Maurin, attestent les progrès
de la lithographie. Gens du monde et
riches oisifs, montez chez MM. Sazerac
et Duval, et vous en descendrez un
peu moins fiers, un peu plus pénétrés
de cette sorte de respect que devraient
toujours inspirer les véritables artistes
à ceux qui ne produisent rien.

Passons devant le nouveau café des

galeries de l'Opéra , dont la décoration est magnifique, où l'on sert bien, mais dont les tables extérieures se garnissent, en été, d'un public un peu susceptible de mélange ; et voyons les cafés *Riche* et *Américain*, que sépare une lingère où la beauté se cache modestement sous de petits bonnets de tulle. La réputation du *Café Riche* est faite depuis long-temps ; celle du *Café Américain* se consolide chaque jour : il est tenu par un ancien officier supérieur dont les nombreux amis suffiraient seuls, au besoin, pour garnir toutes les tables.

Nous voici devant le libraire Mongie : que vient-il faire en ces lieux, où règne la frivolité? diront beaucoup de per-

sonnes. Cette question, à toute autre
époque, aurait bien pu se faire : aujourd'hui tout le monde achète des livres et les lit; on a la manie de s'ins-
truire et celle de vouloir voir clair.
C'est ici le centre des affaires : aussi
certaine obscurante Excellence ne de-
manderait-elle pas mieux que le libraire Mongie distribuât des glaces et de
l'orgeat, comme ses voisins, au lieu de
vendre ces maudits livres qui font fer-
menter les têtes et ouvrir les yeux.

A l'autre coin est le vieux *Café Har-
dy*, dont les salons se joignent à ceux
de Tortoni, le glacier par excellence.
Le soir, il faut se montrer une fois
au moins chez Tortoni, c'est-à-
dire chez le glacier auquel on cou-

serve ce nom. Ce dernier endroit,
qu'on appelle la *Petite Bourse*, est
le rendez-vous des joueurs qui courent
après la fortune, et de ceux qu'elle ac-
cable de ses dons. Après la Bourse, ou
quand elle est fermée, on fait chez Tortoni d'immenses affaires. Nulle autre
part, même au *Café de Foi*, l'on ne
prend de meilleures glaces ; nulle autre
part on n'avale de plus forts bouillons.

Nous sommes maintenant *à Gand*,
dans la rigide acception du mot. Deux
rangées de chaises, qu'on se dispute,
interceptent le passage, et les flots de la
foule ne se font jour qu'avec peine. On
n'avance là qu'aux dépens de ses voisins ; ceux qui veulent devancer les
autres n'ont pas trop de leurs coudes

et de leurs pieds ; on se passerait volontiers sur le corps : c'est l'image de
la société.

Le produit des chaises doit être considérable ; les gens qui l'ont affermé se
chargent de l'éclairage de cette incommode et disgracieuse promenade, où
les bâillemens sont plus fréquens encore parmi les habitués que parmi
ceux du Luxembourg, dont on se
moque traditionnellement et sans trop
savoir pourquoi.

Semblable à ces cheminées de salon,
sur lesquelles on voit toujours les mêmes ornemens (une pendule ou des
magots), le boulevard de Gand est, à
certaines heures, peuplé de figures qui
sont là à domicile, et dont les analo-

gues ne se retrouvent nulle part. Si la
promenade du Jardin-des-Plantes, si-
tuée aux antipodes de ces tristes lieux,
a son cabinet d'histoire naturelle et sa
ménagerie, le boulevard de Gand a
ses habitués, qui datent du temps
qu'on l'appelait *Coblentz;* ses *mus-
cadins*, ses *incroyables* de la révolution, et ses *dandys*, ses *fashiona-
bles* de nos jours : la balance est peut-
être en faveur des ours, des chameaux,
de l'éléphant et autres animaux répu-
tés non raisonnables, par d'autres animaux qui ne le sont pas davantage.

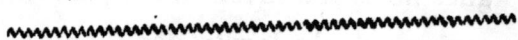

CHAPITRE XXIX.

LE COSTUME.

Il n'y a pas de pays au monde où l'on soit en même temps moins gêné sur le choix du costume, et plus esclave de la mode qu'à Paris. Liberté tout entière est accordée à chacun : tant pis pour vous si vous êtes ou ridiculement couvert ou pauvrement vêtu ; vous ne devez compte à personne ni de

vos goûts ni de l'état de votre bourse.
A côté d'un élégant de 1825 peut se
placer, sans redouter le danger de la
comparaison, un petit-maître de 89,
ou un *muscadin* de l'an II de la répu-
blique. Contemplez en masse, ou l'un
après l'autre, tous les promeneurs du
jardin du Palais-Royal ou ceux des Tuileries; il n'y a de vraiment ridicules
que ceux qui veulent bien l'être, quel
que soit d'ailleurs leur costume : les
hommes ou les femmes qu'on remarque sont ceux qui se donnent volon-
tairement en spectacle, et font tous
leurs efforts pour attirer, pour con-
centrer sur eux seuls l'attention des
indifférens dont ils sont entourés.

Dans une ville de province, il n'y

a que deux nuances bien distinctes
dans le costume, savoir : la mode du
pays et celle de la capitale. Il y en a
mille à Paris.

Tel métier, telle corporation a son
luxe et ses manières de se parer et de
se vêtir. Entrez, dans la même journée, chez un bijoutier de la rue Vivienne et chez un orfèvre de la halle :
examinez l'étalage d'un marchand de
nouveautés du Boulevard-Italien, et
celui d'un de ses confrères du faubourg
Saint-Antoine, et vous apercevrez une
différence égale à celle qui distingue
un Provincial en retard d'un Parisien
qui s'attèle en esclave au char brillant
de la mode.

On crie avec assez peu de raison

contre les progrès toujours croissans
du luxe; on se moque, au théâtre et
dans les livres, des gens qui ne con-
servent pas le *costume* de leur état;
on dit que toutes les classes sont confondues, et que la société est menacée
d'une prochaine dissolution, parce que
les tissus de l'Inde se voyent indistinc-
tement sur de nobles épaules et des
dos roturiers; parce que l'artisan éco-
nome et le frugal commis-marchand
se parent, quatre fois par mois, d'un
habit noir du même drap et de la
même forme que l'habit d'un magis-
trat ou celui d'un haut fonctionnaire.
Où donc est le mal ?

Que cette femme couverte de dia-
mans et de cachemires ouvre la bouche

pour le motif le plus frivole ou pour répondre à la question la plus simple, n'aurez-vous pas bientôt la mesure de son esprit et de son savoir? Attendez qu'une occasion favorable se présente, et vous saurez promptement à quoi vous en tenir sur le degré d'instruction, sur l'usage du monde de tel *fashionable* dont le costume éblouit le vulgaire.

Que les gens de naissance qui craignent d'être confondus avec *le peuple* et les personnes du commun, se donnent la peine de chercher à se sortir de la foule autrement qu'en ne se vêtissant pas comme tout le monde, et peut-être on pourra tolérer leurs prétentions.

Il est difficile, et presque impossi-

ble, d'échapper aux investigations de
certains regards curieux et scrutateurs.
Couvrez-vous des étoffes les plus belles ,
des bijoux les plus riches; si tout ce
luxe extérieur n'est pas soutenu par
des manières vraiment nobles , par
un langage affectueux et poli, on se
rappellera bientôt la fable de l'âne re-
couvert de la peau du lion; on a beau
faire , et les proverbes ont raison : la
caque sent toujours le hareng.

Quoi de plus divertissant que l'aspect d'une promenade à Paris, un dimanche ou un jour de fête ? pour dix
jolis chapeaux portés avec goût , pour
vingt robes dont la couleur s'harmo-
nise parfaitement avec le reste de ce
qu'on appelle *la toilette;* pour quel-

ques touffes de fleurs posées avec
grâce, ou quelques plumes artistement
placées, que de pauvres *tournures!*
que de gauches maintiens! que de
femmes embarrassées de leur parure,
étonnées de la richesse de leurs ajus-
temens! que d'anachronismes de couleurs, d'objets qui hurlent de se trouver
rapprochés!... Cela ne fait-il pas pitié,
et n'est-on pas tenté souvent de plain-
dre telle infortunée qui succombe sous
le poids d'une élégance inaccoutumée
et d'emprunt?

Et parmi les hommes : voyez ce
groupe de jeunes éventés; ils ont tous
fait abnégation de leur personne, et se
soucient fort peu qu'on en porte un
bon ou mauvais jugement. Ce n'est pas

pour eux qu'ils sont là ; ce n'est pas
d'eux qu'ils veulent que les passans
s'occupent : c'est de l'habit, de la re-
dingote ou du chapeau qu'ils portent ;
de principal, ils sont devenus accessoires ; la mode en a fait des manne-
quins ambulans chargés de promener
des vêtemens d'une forme nouvelle.

Que de gens portent des habits qui
n'ont pas été taillés pour eux ! que d'autres comptent sur le plus ou moins de
largeur de la broderie qui orne leur
collet, pour escamoter un peu de considération ! combien sont fiers de l'a-
dresse de l'ouvrier et de la qualité de
l'étoffe ! Le Louvier sourit dédaigneu-
sement à l'Elbœuf, et la grosse épaulette regarde en pitié l'épaulette du

sous-lieutenant. Et ces boutonnières,
ambitieusement chamarrées de tous les
ordres de l'Europe; et ce grand cordon,
caché avec si peu de soin que sa vue n'é-
chappe à personne ; et cette réunion hé-
térogène de grands et de petits, d'humbles et de superbes, de créanciers et
de débiteurs, de niais et de gens d'esprit; vêtus presque tous en raison inverse de leur fortune ou de leur rang dans
le monde, habillés bien plutôt selon
leur caprice que selon leur âge, contem-
plez-les : ils vont, viennent; reculent, se
heurtent, se poussent et se jugent tous,
non sur ce qu'ils peuvent savoir les uns
des autres, mais sur le degré de hauteur
et de suffisance qu'ils affectent, et surtout sur le costume dont ils sont affublés.

~~~~~~

CHAPITRE XXX.

POLITESSE PARISIENNE.

La politesse parisienne est justement vantée en province. On convient partout qu'en aucun autre lieu que Paris on ne pousse aussi loin les prévenances, les attentions aimables, les soins délicats et la recherche dans les manières. Qu'un étranger sollicite un renseignement quelconque de la complai-

sance d'un habitant d'une petite ville ,
il sera souvent mal reçu , quelquefois
raillé , et presque toujours éconduit,
sans qu'on ait satisfait à sa demande ;
qu'au contraire il s'adresse à un Parisien de quelque rang qu'il soit, on
s'empresse de l'écouter, on cherche à
deviner ce qu'il désire, on va au-de-
vant de ses moindres intentions; on ne
le quitte que lorsqu'il est content. A
Paris cette règle est sans exception , et
si elle en était susceptible, ce ne serait
que dans les hautes classes; la com-
plaisance, il faut le dire, est presque
en raison inverse du rang qu'on occupe dans la société. Les grands ne sauraient, sous ce rapport, soutenir la
comparaison avec les petits ; c'est une

justice qu'il faut rendre à ces derniers.

Il est extrêmement rare (surtout
dans le midi de la France) qu'une recommandation, quelque pressante
qu'elle soit, conduise la personne qui
s'en trouve nantie à des résultats bien
heureux pour elle. On accueille froide-
ment d'abord, et si l'on se réchauffe un
peu, ce n'est que très à la longue et lorsqu'on s'y trouve en quelque sorte obligé.

On raconte que dans une province
de France on n'offre guère aux étrangers qu'un certain aliment fort commun, peu coûteux et d'une dure di-
gestion ; encore est-ce en ajoutant (disent les railleurs) : « Mangez, mangez,
nos c...... n'en veulent plus. »

22..

Les Parisiens, tout polis qu'ils sont,
n'ont pu se défaire de plusieurs for-
mules d'invitation, demi-négatives et
qu'ils répètent souvent. Est-on chez
eux en visite vers l'heure du repas, ils
vous disent : « Je vous offrirais bien une
place à table, mais notre dîner d'aujour-
d'hui est si mesquin.. » ou bien : « Je n'ose
vous inviter, dans la crainte de vous faire
faire un chétif repas ; » ou bien encore,
en vous reconduisant jusque sur l'escalier : « Vous ne voudriez pas dîner avec
nous? » Quelque peu novice que soit
celui qu'on invite ainsi, il est difficile
qu'il se décide à faire une autre réponse
que celle qu'on sollicite visiblement en
employant la forme dubitative.

En province, si l'on vous invite, il

est rare qu'on ne se mette pas quelque peu en dépense : on ajoute un plat ou deux à l'ordinaire du ménage. A Paris, on vous prie à *un dîner sans céré-monie*, et c'est là le comble de la per-fidie ; une invitation de cette nature équivaut presque toujours à une mys-tification ; un proverbe en fait foi : « Défiez-vous des concerts d'amateurs » et des dîners sans cérémonies. »

On n'est nulle part aussi *civil* *

---

* L'emploi de ce mot rappelle une réponse très piquante de M. de T. : un officier-général s'était servi, devant plusieurs personnes, du mot *pékin*, qui, dans le langage militaire, est l'équivalent de *bourgeois*. Une d'elles ayant demandé à M. de T. ce que signifiait ce mot, il répondit : Ces Messieurs

qu'à Paris soit dans les promenades, soit
au spectacle, et particulièrement avec
les femmes. Il est presque sans exemple
qu'un homme se place sur le devant
d'une loge où se trouvent plusieurs personnes du sexe ; on en rirait au parterre, et le public en masse ferait promptement justice du spectateur qui enfrein-
drait certaines lois que l'usage a dictées.
Dans beaucoup de pays on considère
une place au spectacle comme une
propriété : j'ai payé, dit fièrement le
titulaire, et cela le dispense de tout
égard. Les Anglais et les Allemands se

appellent *pékin* tout ce qui n'est pas militaire,
comme nous appelons *militaire* tout ce qui n'est
pas *civil*.

conduisent ainsi sans le moindre scrupule.

Essayez de mettre à l'épreuve l'obligeance d'un provincial en lui proposant de vous faire un prêt d'argent, sa réponse sera la conséquence exacte du degré d'intimité qui vous lie à lui, ou celle de la confiance que vous inspirez par votre position sociale. S'il refuse, il le fera sans feinte et presque sans préparation. Un Parisien se confondra en excuses ; il prendra un air chagrin, vous témoignera tout le regret que lui fait éprouver l'obligation pénible dans laquelle il se trouve de vous refuser ; il s'emparera de vos mains, les serrera affectueusement dans les siennes, vous prodiguera les caresses, les offres de service, les protestations, et vous quittera brusquement en vous renvoyant à une époque plus heureuse.

Quant à ce qu'on appelle l'*usage du monde*, un provincial bien élevé peut lutter avantageusement avec le Parisien le plus *répandu*; l'avantage restera souvent au premier pour les choses de pure civilité ; l'autre se distinguera par une foule de petites manières qui tiennent aux usages du moment. L'un se règle sur ce qu'il a toujours vu faire; l'autre sur la mode, qui le tient constamment sous son empire.

Les règles de la politesse, en général, sont immuables à Paris comme ailleurs, mais ses formes varient à l'in-

fini ; ce qui était l'an dernier du plus
excellent ton, peut, cette année, être
souverainement ridicule ; et voilà ce
qu'on comprend difficilement en province, où l'on ne reçoit pas en même
temps que le *Journal des modes*, la
note des usages que le grand monde a
soudainement frappés de réprobation.

A Paris, la politesse est presque tout
entière dans les paroles ; elle est en
province dans les manières : un Parisien de bonne compagnie a souvent
paru, sinon incivil hors de chez lui,
mais leste et tant soit peu cavalier.

Dans la capitale on vous fait une
noirceur ; on vous enlève votre bien,
on vous supplante auprès de votre
maîtresse, ou même auprès de votre

femme, avec la politesse la plus exquise ; cela est au point, que vous n'a-
vez presque pas le droit de vous plain-
dre, et qu'il y a tout au moins de la
simplicité à en parler. En vain tâche-
riez-vous de persuader aux indifférens
que telle personne connue a forfait à
l'honneur ; si ce n'est pas un homme
malhonnête, on ne croira jamais que
ce soit un malhonnête homme.

. Cela est si vrai (en thèse générale)
que les fourbes, les fripons, les traî-
tres, sont rarement des hommes grossiers, et, comme on dit, *sans éducation.*
Ils vous dupent, vous volent, vous tra-
hissent en vous accablant de soins at-
tentifs, de prévenances charmantes.

En province, le crime fait horreur ;

il se montre dans toute sa rudesse. A
Paris, il s'enveloppe dans les formes les
plus recherchées; il est insinuant et
de la témérité la plus humble et la plus
soumise; il ne se cache pas; il se dé-
guise seulement un peu, par respect
pour les convenances.

FIN DU TOME PREMIER.

www.ingramcontent.com/pod-product-compliance
Lightning Source LLC
Chambersburg PA
CBHW070800270326
41927CB00010B/2222